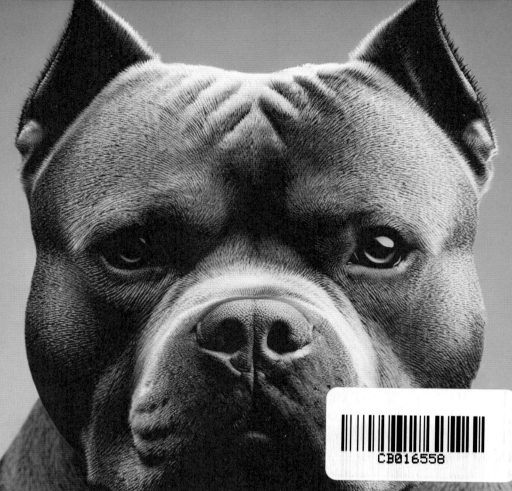

O VENDEDOR PIT BULL

UM FANÁTICO BATEDOR DE METAS

Luis Paulo LUPPA

ENCONTRE MAIS
LIVROS COMO ESTE

Copyright desta obra © IBC - Instituto Brasileiro De Cultura, 2024

Reservados todos os direitos desta produção, pela lei 9.610 de 19.2.1998.

2ª Edição | 1ª Impressão 2024

Presidente: Paulo Roberto Houch
MTB 0083982/SP

Coordenação Editorial: Priscilla Sipans
Coordenação de Arte: Rubens Martim (capa)
Preparação e Revisão: Mirella Moreno
Apoio de Revisão: Lilian Rozati
Impressão e Acabamento: Gráfica Plena Print

Vendas: Tel.: (11) 3393-7727 (comercial2@editoraonline.com.br)

Foi feito o depósito legal.
Impresso no Brasil

Dados Internacionais de Catalogação na Publicação (CIP) de acordo com ISBD		
L965v	Luppa, Luis Paulo	
	O Vendedor Pit Bull / Luis Paulo Luppa. – Barueri : Camelot Editora, 2024. 126 p. ; 15,1cm x 23cm. ISBN: 978-65-6095-151-8 1. Administração. 2. Vendas. 3. Gestão. 4. Liderança. I. Título.	
2024-3113		CDD 658.85 CDU 658.85
Elaborado por Odilio Hilario Moreira Junior - CRB-8/9949		

IBC — Instituto Brasileiro de Cultura LTDA
CNPJ 04.207.648/0001-94
Avenida Juruá, 762 — Alphaville Industrial
CEP. 06455-010 — Barueri/SP
www.editoraonline.com.br

SUMÁRIO

VENDEDOR?.. 19

SE O SEU NEGÓCIO NÃO É GANHAR DINHEIRO,
ENTÃO PARE POR AQUI!.. 35

LIGANDO O TAXÍMETRO.. 51

ESTOU QUASE CHEGANDO LÁ...................................... 57

GERENTE DE VENDAS BOM É O
GERENTE O.M.M.C... 65

CAMINHANDO PARA A VENDA...................................... 81

VOCÊ ACHA QUE OS COMPRADORES
ESTÃO DORMINDO?.. 89

PAINEL DE CONTROLE.. 99

SEJA VOCÊ TAMBÉM UM PIT BULL!........................... 107

OS SEGREDOS DE UM VENDEDOR
PIT BULL.. 113

AGRADECIMENTOS

Agradeço a todos os clientes que um dia me disseram um "não", pois foi através desse "não" que entendi a extensão e o sentido de um efetivo desafio.

E mais, que um "não" em vendas nunca é definitivo; ele, na verdade, não passa de um "agora não" ou um "ainda não".

E, agradeço muito a Deus por me ensinar que o que me trouxe até aqui, não necessariamente é o que vai me levar adiante.

INTRODUÇÃO

Durante muitos anos da minha vida pratiquei judô. Para quem não sabe, a tradução literal de judô é "caminho da suavidade".

Talvez a maior das lições que aprendi na prática dessa arte marcial milenar não tenha sido nenhum tipo de golpe, mas a filosofia que existe por trás. E destaco a principal dessas lições, que norteia minha vida e que conduzirá este livro do começo ao fim.

No Oriente, diferentemente do Ocidente, não existem diversas cores de faixas. Lá existem apenas as faixas branca e preta.

O conceito é o seguinte: a faixa branca significa que você não sabe nada, e a preta, que você está apto a aprender.

Portanto, amparado pela analogia, vamos iniciar este livro na faixa branca e buscar passo a passo terminar a leitura recebendo a faixa preta.

Muita luta, muita força, muita determinação, mas a consciência de que somos eternos aprendizes.

Muitos vendedores prosperam e se tornam criativos e bem-sucedidos, executivos de ponta ou empresários de sucesso.

Comigo não foi diferente: sempre fui e sempre serei um vendedor de elite.

Não passo mais 45 dias fora de casa viajando por diversas cidades, visitando uma média de 15 clientes por dia; não sou mais aquele supervisor regional de vendas, o gerente nacional de vendas, tampouco o diretor comercial ou geral de grandes empresas.

Hoje sou um empresário-vendedor.

Meu objetivo com este livro é levá-lo a caminhar comigo por todos esses anos de experiência, de vendedor a presidente, apontando de forma clara e direta o que é o dia a dia de um vendedor, a realidade das ruas, das visitas, do relacionamento com a empresa, com seu chefe direto, com a equipe; mas fundamentalmente, meu objetivo é ajudá-lo a se tornar um vendedor bem-sucedido.

Isso significa um vendedor cobiçado pelos concorrentes, respeitado pela equipe, admirado pela diretoria da empresa e amado pela família.

Este livro vai mostrar que não adianta só trabalhar muito: é preciso trabalhar bem!

Para que comece a entender a história do livro, posso dizer que já escrevi muitos e-mails, preenchi relatórios dos mais diversos tipos e para as mais diversas finalidades, e até já redigi uma monografia.

Quando comecei a dar treinamento para equipes de vendas, principalmente nas empresas em que eu trabalhava, era obrigado a preparar um vasto material visual e escrito para distribuir no final dos treinamentos.

A partir daí recebi alguns convites para dar palestras sobre o assunto, e eu tinha certeza de que não era pela minha capacidade laborativa ou pela minha formação educacional, mas pela facilidade que eu tinha de ser compreendido.

Ao final das palestras, os vendedores, supervisores e gerentes de venda acreditavam que poderiam alcançar os objetivos almejados pela empresa, alavancando assim o seu sucesso profissional e pessoal.

Esse resultado passou a me motivar de tal forma que passei a investir mais nas circulares de venda e em manuais de treinamento.

Com o tempo me tornei um palestrante internacional, com passagens marcantes em mais de 12 países, treinei mais de 1 milhão de pessoas, e lá se vão 24 livros publicados e presentes em mais de 30 países. Tudo isso porque eu falo como um vendedor raiz, um verdadeiro Pit Bull que adora trabalhar e entregar resultados constantes e incontestáveis.

Não há argumentos contra resultados e em vendas é tudo muito simples, ou você bate a meta ou fica se justificando.

Mas antes de iniciar esta inesquecível leitura, é de fundamental importância que você saiba que o livro tem três características básicas:

1. A linguagem adotada é específica da área de vendas, ou seja, o texto foi escrito do jeito que o vendedor fala no dia a dia. Se você é um vendedor, vai se identificar rapidamente; se não é, mas pretende ser, vá praticando.

2. Se você é daqueles que tem um alto cargo na empresa, aprenda tal linguagem, pois com certeza ela o ajudará a ser melhor compreendido pela sua tribo.

3. Este é um livro prático, fácil de ler, totalmente fundamentado em experiências reais e que, com certeza, retrata o dia a dia de um vendedor.

O livro é demais: ele começou a ser elaborado numa ponte aérea Rio–São Paulo, estagiou um pouco em São Paulo para ganhar seriedade, e, por questões profissionais, passou uns dias em Portugal, mais de uma semana na Alemanha, até que finalmente foi finalizado de forma aconchegante na minha casa em São Paulo.

Isso quer dizer que se trata de um livro liberal, que não sofreu nenhum tipo de influência ou pressão — e principalmente, que se trata de um livro "chique".

Até porque vendedor que é vendedor vai ler o livro — e acredito que vai gostar —, vai sair por aí recomendando-o para os amigos e ninguém gosta de vender algo que não tenha um diferencial.

Dessa forma, e assim será, espero que sua reação seja a melhor possível, e que de fato este possa ser o livro do porta-luvas do seu carro, e não da sua cabeceira (porque vendedor bom não fica na cama lendo à noite, isso é coisa de presidente de empresa; a essa hora ele está dormindo ou tomando uma gelada); aquele tipo de livro que de vez em quando é legal ler novamente.

Quanto à questão do Pit Bull, é simples: poder, respeito, velocidade, força, impacto, luta, amizade e vontade de vencer! Um bom Pit Bull é valorizado pela coragem, agressividade, resistência, pela capacidade de lutar e de morder. Para um Pit Bull, pouco importa a beleza ou a perfeição estrutural, desde que vença seus oponentes. Ele deve ser vivo, desinibido e valente.

Muito bem! Também é importante você ter consciência do momento que está vivendo e de qual é a sua verdadeira expectativa ao adquirir esta maravilhosa obra.

Se você é do tipo que reclama de tudo e se considera um fracassado, posso lhe dizer que fracasso é pensar e jamais agir, ou pior, agir sem pensar.

Logo, você já agiu, deu um passo importante: comprou este livro.

Se você é do tipo que quando começa uma empreitada vai se autodestruindo à vista de obstáculos, posso assegurar que este livro lhe transmitirá um conhecimento básico sobre isso: tenha certeza absoluta de que você só valoriza os obstáculos e os torna um efetivo problema quando tira o olho da sua meta. O importante é manter o foco; sem isso, o obstáculo acaba se tornando maior do que na verdade é.

Outro dia me lembrei de algo legal: que ter problemas é algo inevitável, mas ser derrubado por eles é completamente opcional. Acho que isso explica bem o que quero dizer.

Portanto, olho na meta!

Agora, se você é do tipo desbravador, empreendedor, do tipo que se considera um vitorioso e quer saber o que realmente existe nestas páginas para aprimorar ainda mais a excelência dos seus resultados, tenha certeza de que se surpreenderá com a obviedade que passa ao seu lado a todo instante, quando você está na busca de uma solução, criando saídas mirabolantes.

Isso é o que eu chamo de cair no lugar-comum.

Se você é realmente um desbravador, fique atento e não siga por onde leva a trilha; em vez disso, caminhe por onde não há trilhas e deixe de forma indelével seu rastro.

O novo é sempre um grande desafio. Será que estou fazendo o certo? Será que existem outras alternativas?

Quem está verdadeiramente em busca do sucesso não pode temer o fracasso. Muitas vezes, o fracasso não está no fim do nosso percurso; invariavelmente ele está no início, é o primeiro passo da caminhada.

Este livro não vai deixar você se levar pela facilidade, se empolgar com soluções mágicas, saídas inéditas; aqui o tema é a realidade das ruas, das visitas, das vendas efetivamente conquistadas.

O caminho mais fácil e mais curto não é necessariamente o melhor, nem mesmo o mais rápido.

Se você acha que ao final do livro vou querer te vender um curso, você está errado! O que eu quero ao final dessa leitura é que você saia mais forte para cumprir a sua jornada.

Alguns ou muitos vão ler este poderoso livro, colocar tudo em prática e obter resultados sólidos. Outros vão continuar navegando pela internet atrás de falsos profetas que nunca carregaram uma pasta, e vão investir tempo e dinheiro para buscar soluções milagrosas e instantâneas.

Isso não existe! Gosta de sonho? Vá até a padaria!

Aparentemente, a vida de um vendedor é como um casamento: aquela rotina... Mas a rotina inteligente de alguns casamentos é exatamente o seu fator de sucesso.

Em vendas é mais ou menos assim.

Fazer coisas do dia a dia de uma forma diferente garantirá a você um dia seguinte mais inspirador e melhor.

Portanto, coragem!

Vamos iniciar nossa viagem de peito aberto para enxergar nossas dificuldades, nossas falhas e agir, mudar!

Não tema, a melhor maneira de conviver com a tal mudança é ajudando a promovê-la.

Falando em mudança, eu me lembro de Jim Goodwin:

O impossível é frequentemente aquilo que ainda não foi tentado.

Pronto, quando se fala em mudança, começam as perguntas em sua mente...

- Em que minha rotina diária vai mudar?
- O novo plano vai funcionar?
- Os resultados serão melhores que os de hoje?
- Vou precisar mudar em quê?

Aí começam as desculpas mais frequentes...

- Nós nunca fizemos isso antes.
- Isso nunca foi tentado antes.
- Outra empresa já tentou isso antes e...
- Nós fazemos isso desse jeito há 25 anos.
- Isso não vai funcionar numa empresa pequena.
- Não vai funcionar numa empresa grande.
- Não vai dar certo na nossa empresa.
- Por que mudar? Está tão bom assim...
- Nós já estamos acostumados.
- A diretoria nunca vai concordar.
- Isso precisa de mais investigação.
- Nossos concorrentes não estão fazendo isso.
- Dá muito trabalho mudar.
- Dá medo mudar.
- Não temos tempo.

Não adianta perder tempo com perguntas que não constroem e com desculpas que destroem, porque é certo que as mudanças ocorrem independentemente da nossa vontade e todos nós acabamos sendo atingidos.

Por isso pode ser uma força a ser temida ou uma oportunidade a ser aproveitada.

Façam a escolha de vocês!

A mudança, acima de tudo, é uma virtude, da mesma forma que a confiança, a honestidade, o trabalho, a disciplina, a colaboração, a verdade, a humildade e a competência.

Mude, mas mude já, de corpo, mente e alma.

O CORPO — SÃO OS MATERIAIS, OS PRODUTOS, AS FERRAMENTAS, OS EQUIPAMENTOS, O LUCRO E O PREJUÍZO.

A MENTE — É A DEFINIÇÃO DO NEGÓCIO, OS VALORES, OS DIFERENCIAIS COMPETITIVOS, AS TENDÊNCIAS DO MERCADO E A COMPREENSÃO DAS NECESSIDADES DOS CLIENTES.

A ALMA — SÃO AS PESSOAS, A MOTIVAÇÃO, O RELACIONAMENTO, A COMUNICAÇÃO, A INTEGRAÇÃO, O TRABALHO EM EQUIPE.

O importante é mudar de forma planejada e constante.

A mudança é um dos fatores mais expressivos do sucesso, no entanto, é exatamente ela que evitamos.

Quando pensamos em mudar de casa já temos arrepios, imagine, então, mudar o comportamento, as atitudes, a rota, o plano, é duro mesmo!

Imagine você, vendedor, aplicando o mesmo argumento para o mesmo cliente repetidamente. Ou muda o discurso ou perde o cliente.

Às vezes você muda e nem sente, por isso não se deixe levar pelo negativismo ou pela antecipação da dor.

A mudança tem um "anabolizante" incontrolável: a informação. Hoje, de qualquer lugar para qualquer canto, a informação flui e o surpreende. Imagine que só na favela da Rocinha já existem mais de 30 mil assinantes de TV a cabo!

Portanto, vamos em frente. Aceite e mergulhe fundo nas mudanças, pois sem sacrifício não há vitória.

Uma das pessoas que mais me contagiaram em toda a minha vida foi o meu grande amigo Oscar Schmidt: grande homem, um dos maiores cestinhas do mundo; certamente ele nasceu com uma bola de basquete nas mãos e não foi no sábado, pois a vida dele tem a ver com a "cesta".

Certa vez ele disse o seguinte: "Dor e cansaço fazem parte do meu uniforme". Não dá pra esquecer, né?

Concluindo, vamos fazer nossos pontos e ganhar o jogo, mudando de posição o tempo todo, executando a tática previamente planejada, inserindo uma grande dose de criatividade e, fundamentalmente, muita garra e determinação.

Se você acha que para ser bem-sucedido na vida precisa ser algum tipo de gênio, ter uma mente extremamente privilegiada ou ter a cada segundo as melhores ideias e projetos do mundo, saiba que Albert Einstein foi reprovado em álgebra no Ensino Médio. Imagine se ele tivesse desistido... Portanto, livre-se de tudo que é peso extra e que não contribui com nada e vamos lá!

CAPÍTULO 1

VENDEDOR?

Todo dia, em seu bloco de pedidos, o vendedor escreve o valor do seu contracheque. Lembro-me de que todos os dias eu falava isso para a minha equipe de vendas... Com o passar dos anos, vamos ficando um pouco mais seletivos em relação à carga de informação que recebemos diariamente.

Quantas vezes você já deve ter escutado alguns destes bordões:

- De vendedor todo mundo tem um pouco.
- Quem não é vendedor?

A todo momento estamos vendendo alguma coisa a alguém.

Bem, existem aqueles que, incentivados pelos devaneios teóricos que assombram a maioria das empresas, afirmam que a prática de venda vem do berço, e ainda têm a coragem e a criatividade de exemplificar, dizendo que, quando você é criança e começa a espernear para sua mãe querendo alguma coisa, dizem que está manifestando uma vontade, um desejo, e que seus berros ou suas manhas são suas únicas ferramentas naquele momento; são seus instrumentos de venda, pois, ali, você começou um processo de negociação tácito com sua mãe, que certamente resultará num determinado benefício: seja ele um produto ou um serviço. Você pode estar chorando por uma chupeta, uma mamadeira, um brinquedo, ou apenas por estar querendo atenção; e, ao recebê-la, concluiu sua negociação, auferindo de forma gratuita o produto ou serviço desejado.

Que genialidade! Mas, será que é assim que funciona?

Olha, o bebê prodígio do exemplo acima certamente seria o melhor vendedor ou comprador de qualquer empresa, pois essas ações são típicas de um expert em negociação.

Venda é coisa séria.

Venda é a locomotiva da empresa.

Venda não tem genes. Tem competência, talento, estudo e força de trabalho.

Venda é processo e não um evento!

De forma abrangente e sintética, diríamos que a venda é a consequência de um eficiente e bem-sucedido processo de negociação.

Ora, se embarcarmos na onda dos especialistas em "vendologia", chegaremos rapidamente à conclusão de que todos somos potenciais profissionais de venda desde as primeiras horas de vida.

Se as coisas fossem assim, por que existem tantos profissionais em inúmeras áreas que em nada têm a ver com vendas, ou melhor, de nenhuma forma utilizam essa "arte natural", herdada geneticamente, que é vender?

É muito simples: esses teóricos, analistas mercadológicos, consultores de negócios futuros, planilheiros e grafólogos de plantão jamais conseguirão interpretar o verdadeiro sentido da venda, da mesma forma que ninguém conseguirá transmitir a emoção do nascimento de um filho, do seu primeiro ato sexual ou a tristeza de uma grande perda.

O que estou querendo dizer é que para formar, gerir, orientar, qualificar ou recrutar um vendedor é de fundamental importância que se tenha um pré-requisito básico:

Ter sido um vendedor! Vendedor de rua!

Não tenho nada contra os profissionais que trabalham em lojas, mercados e em outros tipos de comércio, nos quais o cliente vem até você, diz o que quer e pretende adquirir alguma coisa. Nossa abordagem trata daquele profissional que vai atrás. Estamos falando de caça!

Para que você possa fazer uma avaliação correta de si e obter uma resposta efetiva — e, se para você é uma boa esse papo de vendedor —, cabe aqui o questionário relâmpago Número 1:

1. Aquele que pretende ser vendedor, mas ainda não é:

Você está em busca de emprego, mas sua qualificação ainda não é suficiente para almejar o espaço que deseja no mercado?

Não se iluda! Para ser vendedor você também precisa de qualificação. Talvez nem tanto curricular, mas de técnicas de venda, que veremos mais à frente.

2. Todos dizem que você é muito extrovertido, fala bem, é querido entre os amigos, enfim, é o carisma em pessoa?

Que tal você tentar a carreira de recepcionista de hotel, comissário de bordo, ou quem sabe humorista? Pois, essas características pessoais são acessórios que podem ou não ser bem utilizados por um profissional de vendas.

3. Você não domina e não gosta muito de inglês, acha que computador é sinônimo de games e matemática definitivamente não é seu forte?

Lamento muito informar que o seu sucesso está intimamente ligado a possibilidades lotéricas.

4. Você trabalhava na administração de vendas e, de repente, apareceu uma vaga na equipe de vendas e você resolve se candidatar?

Talvez o exemplo abaixo o ajude a compreender melhor essa pseudo-oportunidade: você trabalha como garçom num restaurante e o cozinheiro é demitido. Automaticamente você se candidata à vaga dele, afinal de contas, são atividades correlatas: ele prepara, você serve. O vendedor vende e você administra os pedidos dele.

Ambas são frutas, mas maçã é bem diferente de jaca.

5. Você não suporta a ideia de ficar trancado num escritório e, afinal de contas, ficar enjaulado é coisa para macaco de zoológico, *né*?

Se o seu negócio é ficar na rua, posso listar algumas opções interessantes:
- Pipoqueiro
- Amolador de facas
- Guarda de trânsito
- Lixeiro
- Guardador de automóveis

Mas caso tenha achado tudo isso muito pouco para você, podemos dar um upgrade e conseguir uma vaga de piloto de asa-delta para voo duplo turístico panorâmico.

Aí você vai viver literalmente voando!

6. Quer ser vendedor porque salário certo no final do mês é coisa de conformista e você é um desbravador?

Sabe aquela história de que vale mais um passarinho na mão do que dois voando?

E lembre-se: desbravador não significa "deixar de ser bravo", mas ser empreendedor, determinado a ponto de conviver com o incerto, fazendo da insegurança uma aliada para futuras conquistas.

Agora, o questionário relâmpago Número 2 para aquele que já é vendedor — ou que pelo menos carrega esse título:

1. Segunda-feira para você é um dia problemático, difícil, chato e sem graça?
2. Você dorme bem, de forma tranquila e contínua todas as noites?
3. Você almoça bem todos os dias e cuida bem das suas mãos?

4. O pedido para você é consequência do seu bom trabalho?
5. Você adora a liberdade de poder ir e vir, sem horários e sem uma efetiva supervisão?
6. Você é uma pessoa equilibrada, ponderada e discreta?

Bem, se você respondeu sim a alguma dessas questões, isso significa que você é a pessoa errada, na hora errada, fazendo tudo errado.

Veja só: atenção às respostas de quem faz parte da tribo de vendas:

1. Segunda-feira é o dia mais complexo para o vendedor, pois nele se concentram as maiores dificuldades da semana, uma vez que a empresa quer saber seu plano de trabalho da semana e também quer avaliar como foi a anterior (algumas empresas adotam a sexta-feira para esse procedimento). Para piorar tudo, os compradores elegem justamente esse dia para avaliar os estoques, os créditos e a gestão de suprimentos. Logo, o vendedor tem de se preparar com antecedência para tornar a segunda-feira um dia produtivo. Ele precisa de tudo em dobro:

- Motivação
- Atenção
- Superação
- Oferta interessante
- Conhecimento dos padrões de comportamento do cliente após o fim de semana

Imagine só se o time dele perdeu no domingo justamente para o time que você torce?
Portanto, a segunda-feira tem de ser o seu melhor dia, o seu maior desafio. E para isso ela tem de ser eleita o melhor dia da semana.

2. Claro que dormir bem é de fundamental importância para nossa saúde — inclusive, é bastante recomendado pelos médicos.

Mas não estamos falando de saúde física ou mental, estamos falando da saúde do sucesso, aquela que traz consigo a saúde financeira tão almejada por todos.

Você não acorda à noite pensando que no dia seguinte vai ter uma visita importante que pode lhe render aquele pedido que vai salvar o mês e lhe dar a oportunidade de atingir sua cota? Você não sonha acordado que, se atingir a meta do mês, pode ganhar aquela viagem com a família como prêmio pelos seus resultados? Você não tem dificuldades para dormir quando aquele pedido com o qual você estava contando ficou para o mês que vem e tumultuou sua cota?

Bem, se você não é assim, continue dormindo.

3. Para não ser alvo de críticas dos chatos de plantão, torno a enfatizar que é claro que cuidar da alimentação é importante para a saúde.

Mas se você tem tempo para almoçar bem todos os dias, isso significa que atua num pequeno município, de poucos mil habitantes, tem onde estacionar, almoçar, e retornar ao trabalho não leva mais de uma hora; ou que você reside numa região onde tudo e todos param na hora do almoço.

Se nenhuma das indicações acima é compatível com o seu caso, significa que ele é sério.

E quanto às mãos, é muito simples: vendedor que é vendedor tem calo nas mãos de tanto carregar sua pasta.

4. O pedido para um vendedor não é consequência de um bom, de um eficiente, de um mais ou menos, de

um sortudo, de um mau trabalho ou não. O pedido para o vendedor é a vida dele, é tudo. A visita só é válida quando ele retorna para a empresa com o pedido; caso contrário, não valeu.

5. A responsabilidade é algumas vezes maior quando administramos nossas próprias decisões e assumimos seus efeitos e causas. Quando você administra sua liberdade, seus horários, seus compromissos, tudo fica mais difícil, pois além da automotivação, você terá de praticar a auto-orientação. O tempo pode ser seu maior aliado, mas pode ser também seu pior inimigo.

6. Bem, se você é ponderado, equilibrado e discreto, sugiro que faça um curso por correspondência para detetive particular. Achou a atividade perigosa demais? Que tal ascensorista de elevador de cemitério vertical?

PRESTE BEM ATENÇÃO!

- Vendedor é pulsante, faz-se notar mesmo quando não está presente; é desequilibrado (não mentalmente) por natureza, é impulsivo, intuitivo e tem a percepção natural dos melhores caçadores.

- Vendedor quando acorda não bebe leite, bebe guaraná em pó.

- Vendedor não se veste para sair de casa, se decora.

- Carro de vendedor é igual bolsa de mulher, tem de tudo e você não acha nada.

- Vendedor não tem clientes, tem fãs.

- Vendedor não tem amigos, tem cabos eleitorais.

- Enfim, vendedor é assim, vendedor.

E tem mais:

- Tem orgulho de dizer que é vendedor.

Olha que legal:

"Um plano razoável executado hoje é melhor que um plano perfeito que sempre fica para a semana que vem."

George Patton

Ah, isso aqui me deixa louco: às vezes eu recebo cada cartão de visitas...

Consultor de negócios
Agente de vendas
Executivo de contas
Key Account
Analista comercial

Veja só estes dois casos reais:

CASO 1

Estou jantando num restaurante em São Paulo e lá pelas 21 horas entra uma gravata, seguida de uma pessoa. Explico: é que o cidadão era tão pavão, o peito andava tão estufado, tudo tão para a frente, que a gravata chegava primeiro.

Mas como ninguém é perfeito, não é que eu conhecia o camarada...

Como morei muitos anos no Rio de Janeiro, era de lá que vinha a figura que rapidamente deu aquele cumprimento que quase ninguém notou, só o restaurante inteiro.

Depois que a "crise de presença" passou, veio a famosa pergunta (evidentemente para checar se ainda estávamos na mesma classe social): "E aí? *Tá* fazendo o que da vida?".

Ele rapidamente sacou seu cartão de visitas de um porta-cartões que brilhava como a luz do dia e me disse: "Estou no City Bank." E no cartão vinha assim: "Vice-presidente de Negócios Corporativos". Não me lembro bem do final do cargo, até porque o que mais tem em banco é vice-presidente.

Mais tarde vim a saber que ele era um vendedor de produtos bancários para pessoas jurídicas.

CASO 2

Durante um dia normal de trabalho, fui chamado à sala do diretor-geral da empresa para participar inesperadamente de uma reunião.

Quando entrei na sala, meu diretor, por motivos de força maior, pediu licença e foi ao banheiro.

Automaticamente me apresentei, informando meu nome e que era responsável pela área comercial da empresa.

O cidadão, tranquilo, de voz baixa, que parecia até meio cansado, respondeu com: "Meu nome é fulano. Sou vendedor de forminhas." Eu, meio sem graça, perguntei: "Forminhas, forminhas de quê?" "Forminhas de aniversário. Aquelas de colocar brigadeiro e docinhos em festa de criança."

Naquele momento pensei em várias coisas, mas a primeira que me veio à mente foi que o meu diretor ia me pedir para checar a possibilidade de encaixar o vendedor de forminhas em nossa equipe de vendas.

Para resumir, aquela era uma reunião para analisar a viabilidade do lançamento em conjunto, entre a nossa e mais duas outras empresas, de uma linha de produtos internacionais. E aquele cidadão quietinho ali era dono e presidente de uma dessas empresas, simplesmente a maior do setor no Brasil.

Depois descobri que ele começou sua vida profissional, evidentemente, como representante de vendas de forminhas. O que parece que para ele é motivo de orgulho até hoje.

Agora, depois dessa abordagem preliminar, imagino o que você não deve estar pensando.

Na realidade, você agora está tentando se identificar com alguma coisa ou pelo menos com alguém, pois é dessa forma que encontramos conforto em nossas falhas.

Mas eu vou te ajudar, afinal, é para isso que servem os amigos.

FASE 1

Se você mora num prédio daqueles de varandinha, com mais de dez andares e pelo menos dois elevadores, siga os passos da Fase 1. Mas se você mora numa casa, seja ela um sobrado ou uma bela propriedade num condomínio fechado, siga os passos da Fase 2.

Por volta das 22 horas, coloque sua sandália de dedos (se você não tem uma, é um mau sinal, porque os bons vendedores andam muito durante o dia, visitando seus clientes, e à noite uma sandália de dedos não tem preço), dirija-se ao elevador de serviço e aperte a opção "G" de garagem.

Depois de se desviar da goteira (toda garagem tem uma), procure fazer uma rápida análise dos carros e motos que estão estacionados.

Uma vez identificados os melhores, os mais bonitos e os mais caros, faça uma pesquisa ou um esforço de memória e veja se a maioria deles não pertence a profissionais da área de vendas.

Ah, mas aquele carro bonitão ali é do dono da empresa "vou bem, obrigado".

FASE 2

Tudo bem, pergunte qual é a atividade principal dele e como tudo começou.

Resposta automática: a atividade principal dele é gerar caixa para a empresa, e isso só é possível com vendas!

Tudo começou quando o avô, o pai ou ele mesmo passaram a vender os produtos "vou bem, obrigado".

Meu amigo, se você está morando num sobradinho (aquele que era da sua mãe, que estava alugado, e que, quando você se casou, ela tirou o inquilino, abrindo mão da renda, e emprestou para você começar a vida há mais de dez anos), numa daquelas ruas pequenas, apertadas, que quando para um carro de cada lado ninguém mais passa, e que às 7 horas da manhã de domingo você já escuta a primeira discussão familiar do dia, por favor, não me diga que você é um vendedor, porque serei obrigado a denunciá-lo para a ATPF — Associação dos Tiradores de Pedidos Fracassados.

Aí nós temos de parar tudo e começar de novo, pois você há mais de dez anos vem jogando no lixo o que existe de mais precioso na vida de um vendedor, a única coisa que não volta mais:

O TEMPO.

Mas se você fez tudo mais ou menos certinho, está brincando com o seu cachorrinho ou com o seu gatinho — se bem que vendedor tem é cachorro e, normalmente, os nomes são: Thor, Tyson, Hulk. Tudo que demonstre força e poder.

Só para lembrar: se o vendedor do sobradinho tiver um cãozinho, certamente o nome dele é Rex.

Muito bem, deixando seu cachorrinho de lado um pouco, vá até sua bela varanda, olhe para a direita, depois olhe para a esquerda, e veja que só o seu carro está na garagem; os demais ainda não chegaram. Talvez seja por isso que a casa deles já está quitada e a sua não.

Fico imaginando que você deve ser aquele tipo de vendedor que, quando atinge a cota, relaxa, fica tranquilo, no dia seguinte já acorda um pouco mais tarde, quando dá vai almoçar em casa, afinal, você já cumpriu seu dever do mês, não é? Você é o típico vendedor-ofurô!

Como você está num delicado processo de identificação, guarde bem esta palavra: ambição.

Bem, mas a que conclusão chegamos? Será que eu sou ou não um vendedor?

Antigamente, quando o camarada não dava para absolutamente nada, o que ele fazia? Arranjava um emprego de vendedor — eu digo arranjava porque era fácil ser um vendedor balconista, um vendedor ambulante, um vendedor tirador de pedidos, e isso é o que quase denegriu essa talentosa atividade.

A essa altura do campeonato já tem gente ligando para a mãe e falando tudo o que pode e o que não pode: "Não foi você quem disse que eu falava muito, que eu era carismático e que daria um bom vendedor?".

Não adianta reclamar, até porque mãe é mãe!

Lembre-se: mãe a gente até vende, mas não entrega.

Mas vamos fazer algo produtivo? Vamos tentar vivenciar juntos, sob o prisma do profissional e da empresa, o que é ser, de fato, um vendedor?

Fique alerta para os sinais de fracasso que acontecem durante o desempenho da sua função e que você precisa urgentemente corrigir.

Vamos listar alguns desses sinais:

1. Quando você comete um erro e diz: "Mas a culpa não foi minha!".
2. Mudar? Para quê? Isso sempre foi assim...
3. Quando o seu superior imediato tem talento e você, em vez de buscar sinergias, busca defeitos.
4. Quando você credita ao azar seus insucessos.
5. Você já falou assim: "Olha, mas tem muita gente pior que eu...".

> **"O fracasso é apenas a oportunidade de começar de novo, desta vez de forma mais inteligente."**
> *Henry Ford*

Aí, depois do que falamos, quem está lendo o livro e não é vendedor deve estar pensando que está diante de uma grande oportunidade, mas se pergunta: vou vender o quê?

Bem, você pode ter uma visão pessimista, otimista ou realista... Veja só alguns exemplos do que você pode vender:

1. Água, que maravilha, ninguém vive sem água... Mas existem mais de 1.500 marcas disputando a preferência do consumidor.

2. Remédios, afinal de contas, todo mundo fica doente um dia e vai a uma farmácia... Vai fundo, pois hoje temos mais de 100 mil farmácias espalhadas pelo Brasil.

3. Se não der certo a água, vá de cachaça... Mas você sabia que temos mais de 4.500 marcas da famosa "purinha"?

4. Então, sejamos mais conservadores e vamos de café, pois não há brasileiro que resista a um bom cafezinho... São, apenas, mais de 1.500 marcas disputando o mercado.

Esqueça: sem esforço e sem muita força de trabalho você vai fracassar. E a maneira mais eficiente de falhar é ficar sentado, esperando a sorte chegar.

> **"A única pessoa que você está destinado a se tornar é a pessoa que você decide ser."**
>
> *Ralph Waldo Emerson*

Resumindo o que conversamos até aqui:

INFORMAÇÃO X COMPREENSÃO = TROCA
COMPREENSÃO X AÇÃO = RESULTADO
INFORMAÇÃO X COMPREENSÃO X OMISSÃO = PERDA DE TEMPO

Logo, o objetivo do livro é:

POTENCIALIZAR SUA ATIVIDADE DE VENDEDOR, VALORIZANDO-O E REORIENTANDO-O PARA RESULTADOS POSITIVOS CONSTANTES, MANTENDO O NÍVEL DE EXCELÊNCIA.

CAPÍTULO 2

SE O SEU NEGÓCIO NÃO É GANHAR DINHEIRO, ENTÃO PARE POR AQUI!

Após muitos quilômetros rodados a pé, outros tantos de carro, alguns de avião, muito sol, muita chuva, muitos pedidos transmitidos por telefone, autorizações de preço por mensagem, reuniões com vendedores em botecos, muita torcida para achar a vaga certa para deixar o carro, muita esperança de encontrar o cliente mesmo sem ter marcado, muita decepção ao vender e não ter produto para entregar, muita paciência para aguentar o pessoal do escritório que mais atrapalhava do que ajudava, muita alegria pelos prêmios recebidos e muita gratidão pelo pouco que conquistei sendo vendedor, reuni um somatório de experiências, resultantes de alguns anos de extrema vivência nas áreas comercial e de marketing, rompendo paradigmas, elegendo desafios, e, principalmente, convivendo com várias pessoas com objetivos comuns e práticas distintas.

Assim, cheguei à óbvia conclusão: ganhar dinheiro é bom demais! Mas isso com certeza todos sabem, ou imaginam, e, mais do que tudo: todos querem. Sabe por quê?

Porque todos sabem O QUE querem. Mas nem todos sabem COMO obter O QUE querem.

Tudo passa por uma orientação técnica de como argumentar e de que forma vender produtos e serviços, voltados não só para atender às necessidades de clientes intermediários, mas principalmente dos consumidores.

Tenho certeza absoluta de que um comprometimento com o que aqui está escrito trará enormes benefícios a você. Benefícios tangíveis, fáceis de serem reconhecidos, e o mais importante: testados e aprovados.

Reflita por alguns instantes sobre estas três palavras:

Dinheiro, venda, vontade.

Se você perguntar a vários vendedores ou representantes de vendas se eles têm vontade de vender, ou se têm vontade de ganhar dinheiro, certamente todos dirão que sim.

O objetivo de todos é ganhar dinheiro, porém, não basta apenas a vontade, é preciso SABER COMO FAZER.

Não se iluda: a distância entre a vontade e o sonho pode se tornar mais próxima e perigosa do que você imagina, se os desejos não estiverem amparados por um plano de ação sólido e executável.

A profissão de vendedor é muito nobre, e a intermediação de vendas remonta ao início da nossa civilização; no entanto, não há faculdades que formem vendedores.

Já pensou no significado de um diploma de vendedor? Para mim significaria que o formando vende qualquer produto, para qualquer um, a qualquer tempo, por qualquer preço e em qualquer lugar.

Na realidade, hoje, o vendedor tem o auxílio de cursos e palestras sobre técnicas de venda, mas, efetivamente, ele é formado no campo de trabalho com a prática, sofre muito no início até adquirir experiência e, na maioria das vezes, desiste ou comete diversos tipos de erros por ignorar a maneira correta de proceder em situações normais ou inesperadas.

O vendedor não avalia quanto é importante investir na sua formação nos dias de hoje, como um bom curso de vendas, uma palestra inteligente, enfim, educação nunca é demais.

Se você acha a educação cara, experimente a ignorância!

Voltando ao nosso dia a dia, posso assegurar que o erro mais grave e comum desenvolvido pelo representante de vendas ou vendedor é a excessiva vontade de vender e ganhar dinheiro, o que gera, diante da necessidade, uma grande angústia e ansiedade.

Quanto mais se pensa em cliente, mais dinheiro se ganha.

Qual é o erro?

Ao pensar na vitória, pense simultaneamente nos obstáculos que certamente terá de superar.

É errado pensar primeiro no resultado; o correto é investir energia em como realizar um trabalho perfeito — certamente depois disso, o resultado, que é a venda, aparecerá e, consequentemente, o dinheiro.

Mas se você gasta energia (angústia e ansiedade) pensando no dinheiro, estará começando um processo pelo fim e jamais atingirá seus objetivos.

Ninguém começa a construção de uma casa pelo telhado. Se a casa não tiver uma boa fundação, que é a energia que não se vê, certamente o telhado vai ceder.

Os primeiros passos são inerentes somente a você. Adquirir técnica, ser capaz, ter entusiasmo e gostar do que faz, saber como vender corretamente o produto, saber orientar o cliente, manter uma boa aparência, visitar, visitar e visitar cada vez mais da maneira correta é um caminho vertical rumo ao sucesso.

Todos os atalhos o levarão a caminhar em círculos; o resultado está na preparação e no campo.

Não pense que 100% da sua vitória está na casa do cliente. São diversos os fatores que compõem o sucesso, e é exatamente o equilíbrio das ações em busca do almejado sucesso que gera o diferencial entre um profissional e outro.

No intuito de facilitar sua compreensão, divido a seguinte orientação em algumas partes-chave:

CARISMA

O vendedor depende, e muito, deste item, além da sua simpatia, pois precisa marcar presença diante do comprador.

Disso vai depender o tempo que o cliente demora para "soltar" o primeiro pedido.

O carisma é algo espontâneo e natural, mas quando se passa da medida, o preço a pagar é a indisposição do cliente em atendê-lo novamente. Olha aí o equilíbrio!

O vendedor não precisa necessariamente ser um ator, mas deve sempre passar uma imagem positiva.

Ninguém gosta de dialogar com pessoas negativas! Se você não consegue contagiar seu cliente, não espere que alguém vá fazer isso por você...

Você precisa praticar seus diferenciais competitivos e estar totalmente consciente da sua força interior.

A mais importante venda da sua vida é vender-se para si mesmo.

Diante de um obstáculo, seja tolerante, analise as melhores opções e de maneira inteligente tente superá-lo. Toda atitude positiva, honesta e séria gera muitas reações do mesmo tipo: experimente e comprove!

APRESENTAÇÃO

Não há uma segunda chance para causar a primeira impressão. A aparência pessoal é fundamental para o profissional de vendas.

Como você receberia um profissional de vendas que estivesse usando tênis, uma camisa demasiadamente aberta e que fizesse aquele barulhinho infernal à medida que andasse por conta de um monte de pulseiras penduradas no braço?

É necessário ter uma bela pasta de vendas (não precisa ter marca ou ostentar riqueza, basta que tenha um aspecto de limpeza) para que você possa acondicionar seu material de trabalho de forma adequada e visualmente correta.

Agora, preste atenção na seguinte observação: a conservação do seu carro complementa sua personalidade. Um carro sujo é o reflexo da decadência.

Você precisa e deve investir na sua apresentação, dessa forma você certamente deixará uma boa impressão e marcará presença positivamente.

COMUNICAÇÃO

O vendedor deve ser claro e objetivo, explicar para o cliente com precisão o que realmente necessita saber para esclarecer-lhe rapidamente as possíveis dúvidas.

Alguns, ao explicar, são demorados e subjetivos; conseguem sozinhos complicar a própria vida, e o pior, não entendem por que não conseguem fechar a venda. Seja direto e vá ao ponto-chave; tempo é dinheiro!

Mantenha-se bem informado; ao desviar do discurso de vendas, inicie uma conversa construtiva, alegre e atual. Não se esqueça de que temos três tipos de comunicação: a verbal (falada e escrita), a capacidade de ouvir e a não verbal (gestos e posturas).

ATENÇÃO
Assuntos como política, futebol e religião podem causar estragos definitivos, EVITE-OS. Fazer-se entender é o seu dever!

QUALIDADE, PRODUTO E PREÇO

Os profissionais de vendas são a linha de frente da empresa, e a empresa é a sua retaguarda.

É muito importante que esse suporte seja forte o suficiente para dar todo o apoio necessário.

É traumático você estar na frente do cliente e dizer: "Não, pode deixar que eu ligo lá na empresa e resolvo isso agora mesmo". E só para ser atendido leva mais de cinco minutos...

Pense em qual é o grande desafio da alta administração das empresas: é ter produtos de alta qualidade, produtos que os consumidores apreciem e queiram adquirir, e que ela consiga entregar no prazo correto as quantidades vendidas. Que promova periodicamente lançamentos de novos produtos, seguindo a tendência do mercado, dentro de um determinado nicho, e que tudo isso tenha um preço justo.

Portanto, quando você permite que o seu cliente não adquira o seu produto ou quando aceita que ele não o exponha adequadamente, quem está penalizando diretamente o consumidor final — que está sendo preterido no conhecimento do que há de novo no mercado —, no fundo, no fundo, é você.

Já tinha pensado nisso? Faça o seu cliente entender isso que ambos serão felizes para sempre.

ORGANIZAÇÃO DO VENDEDOR

Kit básico físico ou digital:

- Mostruário
- Catálogo
- Relação de clientes
- Roteiro de visitas
- Agenda
- Relatório de vendas

Esses materiais são de grande valia, e, quando bem utilizados, contribuem muito para o alcance das metas e objetivos dos profissionais de vendas.

Não vamos dar ênfase aqui a recursos como celular, carro e outras coisas mais.

Mostruário — você pode fazer uma apresentação com o catálogo, mas o cliente não consegue ver o tamanho real do produto e a sua qualidade, portanto, o mostruário é a extensão do catálogo.

O comprador, principalmente o latino, precisa tocar o produto, atestar sua qualidade.

Toda vez que você visitar um cliente novo, faça uma exibição de alguns de seus produtos para ele — e não abra mão de mostrar os lançamentos do mês a cada cliente.

Catálogo — este item precisa estar em seu poder em todas as visitas, pois o objetivo é fazer o cliente estar sempre revendo o catálogo para gerar a necessidade de aquisição de produtos dos quais ele certamente não se lembra mais.

> Lembre-se: aquele produto que você não prioriza pode ser a grande aposta do seu cliente. Abra seu computador e navegue com ele; ou, se for físico, deixe um exemplar com ele.

Imagine quantas ofertas ele não recebe por dia? Faça-o se encantar pelas suas oportunidades.

Após toda a primeira visita, deixe o catálogo com o cliente. Deixe à parte as condições de venda (preço e prazo).

Relação de clientes — mantenha sua relação de clientes sempre atualizada e em boas condições.

Visitar todos os seus clientes é a sua obrigação e é a partir daí que as coisas começam.

Aquele cliente que ainda não compra também deve ser visitado, pois esse é um sinal de que a sua base de argumentação ainda não é suficiente para furar esse bloqueio. Normalmente, quando a visita é cobrada do vendedor, ele encontra várias desculpas irreais para justificar o seu erro.

Não visitar um cliente chato, pequeno, intransigente e etc. é ser relapso em sua profissão. Dessa forma você prejudica a si mesmo, a empresa e principalmente quem você mais ama: sua família.

AMAR é proteger, é dar condições financeiras lutando com todas as forças, organização e inteligência para proporcionar sempre mais para a sua família.

Felizmente você pode fazer isso, só depende de você. Visite seus clientes regularmente! Não haverá resultados sem esse procedimento básico.

Você, durante todo o seu período escolar, foi perseguido por fórmulas matemáticas mirabolantes, que no fundo sempre levantavam a mesma questão: quando, como e por que um dia eu vou usar isso? Pois bem, aqui vai uma fórmula prática, real e objetiva que funciona:

Visita + Visita = Pedido

Roteiro de visitas — é o planejamento do seu trabalho, por isso deve ser muito bem-feito, e com antecedência.

É bastante comum ouvir de vendedores que a venda estava ruim na segunda-feira, por isso ele furou o roteiro para salvar a semana.

Esse procedimento é um grande erro, pois o vendedor deixou que a ansiedade superasse a lógica e o bom senso, desorganizando todas as suas visitas programadas. Desorganizar seu roteiro vai resultar somente em perda de tempo e de combustível.

A semana começa na segunda-feira pela manhã e só acaba na sexta à tarde. Pense nas condições geográficas, no trânsito e na rotina do seu cliente — e planeje cirurgicamente suas visitas, principalmente o que você vai fazer na casa do cliente; ninguém tem mais tempo para ficar tomando cafezinho, então tenha objetivos claros:

- Vou apresentar uma promoção
- Vou falar de um produto novo
- Vou reajustar a tabela
- Vou apresentar uma campanha

Enfim, não dá para fazer uma visita sem objetivo.

Agenda — algumas pessoas utilizam papéis de rascunho para agendar compromissos e perdem no mínimo 20% deles ou chegam atrasadas. Lembre-se de que o tempo do seu cliente também é muito importante; valorize-o e você estará marcando pontos a seu favor.

Não utilizar uma agenda é, acima de tudo, passar uma imagem de desorganização ao seu cliente. Você pode optar pelos modelos tecnológicos mais avançados do mundo (notebook ou seu celular), mas tenha uma ferramenta que lhe possibilite visualizar seus compromissos de maneira ágil e organizada.

Relatórios de vendas — comumente chamado de relatório de visitas quando se confunde o objetivo, que é a análise do conteúdo e não de quantas vezes você bateu na porta de alguém.

O relatório de vendas é odiado pelos vendedores, mas não pelos profissionais de vendas bem-sucedidos, certamente por conhecerem sua finalidade.

Há apenas uma forma de reconhecermos nossos erros e nossas falhas: tendo consciência deles.

Certa vez ouvi uma dica que já me ajudou muito e que continua me ajudando — e que, ao meu ver, tem um valor inestimável:

> A pessoa pergunta: "Escuta, você não sabe qual é o seu limite?". E, depois de encher o peito, o cidadão responde: "Para mim o céu é o limite, eu não tenho limites". E a resposta simples e profunda veio assim: "Que pena, pois se você não reconhece o seu limite, como pretende um dia superá-lo?". Se você não sabe que está errando e onde está errando, como vai perceber o erro e tentar corrigi-lo?

Não tema o erro ou a derrota — eles têm de ser encarados como uma fase de um projeto maior.

Desistir é bem diferente de fracassar! O fracasso faz parte da sua vitória.

O relatório permite uma avaliação das suas atividades e uma visualização rápida de como você está utilizando seus recursos em prol do sucesso.

Ah, mas o relatório dá muito trabalho... Lembre-se de que o trabalho mais duro que existe é não fazer nada.

É fácil descobrir quem são os profissionais que valorizam uma avaliação, que se despem da vaidade e proclamam a humildade como palavra de ordem — é só dar uma olhadinha no extrato bancário deles.

Filosofia do produto — seu pensamento deve estar voltado para a necessidade do consumidor final.

Por exemplo, você vende balas. Bala de morango, bala de hortelã, bala redonda ou bala quadrada. Imagine que o seu comprador só compra balas de morango e quadradas.

Nesse caso, se o seu comprador quiser comprar metade do seu mix de produtos, ele estará comprando metade do seu produto. A venda deve estar sempre voltada para a seguinte filosofia: atender por completo o consumidor.

Aqui estamos falando da qualidade da venda, daquele profissional que sabe trabalhar todo o seu catálogo de produtos, que tem talento, conhecimento das necessidades dos seus clientes e das técnicas de abordagem para lograr êxito.

Orientação ao cliente — não aceite (moderadamente) as intuições do seu comprador; ele não está comprando para si mesmo, mas para o consumidor final. E o comprador é meio Deus, ou você nunca ouviu alguma coisa mais ou menos assim: "Ah, isso aqui não vai vender, não..."?

Se você ceder diante do comprador, mesmo vendo que ele está errado, terá esse cliente na sua carteira de clientes por pouco tempo. Ele culpará o produto pela falta de giro, quando a culpa na realidade terá sido sua e dele.

Produto certo, na hora certa, para a pessoa certa.

A gestão de espaço — gôndola não estica, irmão!

Deve-se considerar o espaço destinado aos produtos que você vende na loja do seu cliente como uma miniloja em que você é o gerente. Cuide da exposição, do mix correto, dos preços e da classificação dos produtos.

É preciso que sejamos parceiros dos nossos clientes. Afinal de contas, você não compraria um produto mal-exposto, caro e além da quantidade necessária. Merchandising e promoção de vendas são os reis do PDV.

Preço de venda — os vendedores podem e vão ouvir que o preço está caro, afinal, esse é o papel do comprador. Mesmo que o preço esteja ótimo, ele vai dizer que está acima da média, que existem concorrentes com preços e prazos melhores e etc...

Analise com ele a qualidade do seu produto e os benefícios; compare-o com produtos de concorrentes que tenham o mesmo perfil do seu e você sairá sempre ganhando. Faça o comprador refletir e degustar um pouco o seu produto.

ATENÇÃO
Você pensa no seu produto o tempo todo, enquanto ele pensa em diversos produtos todos os dias.

Você verá que 90% das argumentações dos compradores caem por terra. Acredite no seu produto, acredite no seu preço! Acredite em você!

Negociação — o vendedor deve ser um hábil negociador. Hoje temos muitas variáveis (descontos, prazos, tipos de fretes e etc.).

O comprador tem o dever de comprar com o menor preço, o maior prazo, o melhor produto, e a empresa fornecedora tem de prestar o melhor serviço.

Leve o comprador para um outro momento da negociação: faça-o valorizar qualidade, entrega no prazo, produtos adequados, investimento em mídia e participação conjunta em ações do próprio cliente, pois esses são alguns dos fatores que oferecem a você um diferencial na negociação. Use-os!

O bom negociador não impõe condições, mas as manipula em seu favor. Quando você não puder atender a um pleito do seu comprador, peça-lhe uma sugestão de como contornar essa situação. Assim, você estará comprometendo o outro lado com o seu problema.

Não espere ajuda, nem por uma chance da parte do seu comprador; esse posicionamento é arcaico e errado.

O cliente espera e respeita um profissional que oferece boas condições, contribuição e alguma orientação de melhoria para o seu negócio.

Em uma negociação tem de haver concessão das duas partes, não só da sua. Deixe sempre uma reserva de concessões, ou seja, plante alguns "nãos" para colher pelo menos um "sim".

Seja o melhor profissional. Para aquele que não sabe para onde está navegando, qualquer vento é bom. Siga os procedimentos e o resultado virá como consequência.

> **"Nunca interrompa um inimigo enquanto ele estiver cometendo um erro."**
>
> *Napoleão Bonaparte*

CAPÍTULO 3

LIGANDO O TAXÍMETRO

Definitivamente, tem coisas que acontecem e ficam na vida de cada um de nós. Às vezes são palavras, outras vezes são cenas; enfim, momentos.

Vamos abordar um tópico tão importante agora que iniciarei comentando uma cena que sempre vem à minha mente quando penso em produtividade, administração do tempo e automotivação.

Morei muitos anos no Rio de Janeiro e lá todos os táxis comuns são amarelos, logo, de fácil identificação.

Quando eu tinha meus 18, 19 anos, estudava à noite e trabalhava de dia. E como todo começo é começo, eu ia para o trabalho de ônibus, que por sinal, quando chegava no meu ponto, já estava abarrotado, porque lotado ele ficava no ponto anterior ao meu.

Eu sempre dava um jeitinho de ir para perto da janela, porque sabe como é... nem todo mundo gosta de um desodorante, de um bom perfume, e além disso, o visual do Rio de Janeiro não cansa de tão bonito que é.

E nessa fuga dos odores indesejáveis, invariavelmente meu olhar esbarrava numa concentração de táxis.

Em um primeiro momento, pensei que a cidade era estrategicamente abastecida de pontos de táxis. Mas com o passar do tempo (eram quatro ônibus por dia, dois para ir e voltar do trabalho, outros dois para ir e voltar da faculdade) fui notando que os pontos ficavam próximos demais dos famosos "botecos de esquina".

Não importava o horário: 7h da manhã, 6h da tarde, 11h horas da noite — hora que eu retornava da faculdade e, claro, encontrava minha mãe me esperando para servir o jantar e me dar um beijo de boa-noite, afinal de contas, mãe é mãe —, podia-se "topar" com os taxistas tomando o seu cafezinho, dependendo da hora a sua cervejinha, lendo o jornal do dia, fazendo aquele farto almoço (um prato que só de olhar dava sono), comentando a atuação do time do coração no jogo do dia anterior, e, principalmente, reclamando que as coisas estavam difíceis (afinal de contas, o país está em crise!) a qualquer hora do dia ou da noite.

Com base no texto acima, vamos ao questionário Número 3:

1. Havia algum carro bem conservado e do ano?

É claro que não, os carros novos e bem conservados estavam rodando em busca de passageiros.

2. Você tem dúvidas de que o taxista compra fiado no boteco e que a conta está vencida?

Mas ele garante que na próxima corrida paga tudo.

3. E quando ele finalmente chega em casa, o que fala para a mulher e os filhos?

"O dia foi fraco, só peguei corridas curtas, rodei o dia todo e nada. É... Tá difícil!"

E a partir daí entra em cena o mau humor, e quem paga a conta é justamente quem mais você quer bem: a sua família.

Aqueles taxistas que ficavam parados no ponto enquanto os outros estavam efetivamente rodando não estavam preparados para administrar seu bem maior, o mais valioso bem de um profissional de campo:

O TEMPO!

Vamos agora viver um pouco a nossa realidade. Você não consegue visitar dez clientes ao mesmo tempo e nem um cirurgião consegue operar dez pacientes ao mesmo tempo.

Se você faz uma venda por vez, quanto mais tempo tiver para vender, maior será o seu resultado. Lembre-se: estatisticamente, comprovou-se que um vendedor perde por dia no mínimo duas horas com assuntos ou fatos não ligados ao seu trabalho.

Vejamos o seguinte exemplo:

Visita + Visita = Pedido = Resultado = Dinheiro no bolso = Satisfação

Um vendedor que inicia seu trabalho às 9h e o encerra às 17h; vai ao caixa eletrônico no horário normal de expediente em vez de ir na hora do almoço; leva o carro na oficina na segunda-feira quando deveria levá-lo no sábado; encontra um amigo e toma um café de 30 minutos que poderia muito bem ser de 5; termina o pedido e fica conversando com o cliente durante 15 minutos quando poderia gastar só 5.

Para não ser um processo muito doloroso, vamos fazer esse exercício com apenas quatro clientes por dia.

OLHA O ESTRAGO!

Calculando-se o tempo gasto sem necessidade por esse vendedor, chega-se à seguinte conta:

- 1 hora perdida pela manhã
- 1 hora perdida à tarde
- 30 minutos no banco
- 1 hora na oficina
- 25 minutos excedentes com o amigo
- 40 minutos excedentes conversando com clientes
- TOTAL: 4 horas e 35 minutos

Esse é apenas um dos muitos exemplos que acontecem na prática com alguns profissionais de vendas. Mas podemos ser mais otimistas e reduzir esse "desperdício" a duas horas diárias. Acompanhe a conta a seguir:

- 2 horas/dia X 22 dias úteis/mês = 44 horas/mês
- 44 horas/mês X 12 meses = 528 horas/ano
- Se o dia tem 8 horas úteis de trabalho, 528 horas/ano divididas por 8 horas/dia = 66 dias por ano
- Se o mês tem 22 dias úteis... 66 dividido por 22 = 3 meses

Perdem-se, então, três meses por ano! Isso pode significar um carro 0 km! Em cinco anos dá para comprar uma casa!

A maneira de deixar de gastar essas horas é fazendo uma avaliação diária de onde se perdeu tempo: olhe o seu relatório à noite, em dez minutos você descobre onde errou — lembre-se dos fatos acontecidos ao longo do dia. Depois desse procedimento, você toma conhecimento do problema e, no dia seguinte, esses erros estarão vivos em sua memória, e com certeza você não os repetirá.

Faça isso diariamente e você ganhará muito mais dinheiro!

Sabe aquele relatório que você odeia? Faça uma avaliação do seu conteúdo; ele é um instrumento poderoso para atingir a eficiência — e lembre-se de que o relatório é para você, em primeiro lugar.

Essa é uma das muitas maneiras de comprovar que para ganhar dinheiro não basta ter vontade: é preciso saber como fazê-lo!

> **"Em qualquer situação, a melhor coisa que você pode fazer é a coisa certa; a próxima melhor coisa que você pode fazer é a coisa errada; a pior coisa que você pode fazer é nada."**
>
> *Theodore Roosevelt*

CAPÍTULO 4

ESTOU QUASE CHEGANDO LÁ...

> **"Quando tudo parece estar indo contra você, lembre-se de que o avião decola contra o vento, não a favor dele."**
>
> *Henry Ford*

Algumas coisas na vida são realmente complicadas, e uma delas é saber conviver com o sucesso, pois qual é o ponto do sucesso? Não existe um medidor, não tem uma placa avisando: "Seja bem-vindo, você acaba de chegar ao topo!".

Onde é o topo?

Certa vez fui ao programa do saudoso Leão e ele me perguntou o que era sucesso. Eu respondi: "Vocês sabem o que é o sucesso? Bem, sucesso é pressão! Sucesso é você ficar no topo de uma árvore e uns vinte caras lá embaixo balançá-la sem parar e você não cair. Isso é sucesso!"

Enfim, pior que o sucesso e de ter a certeza de que os resultados foram alcançados, é saber exatamente o que fazer nessa hora. Andar para trás é, na realidade, a única coisa indesejável.

Eliminamos, então, a primeira opção. Ficar quietinho, tipo "me fingindo de morto", é uma posição perigosa, mas vamos considerá-la uma segunda opção.

A terceira opção é avançar, crescer, alçar voos mais altos; quem sabe até a independência. Existe uma quarta e uma quinta opções, mas vamos deixá-las para a conclusão deste capítulo. E para que possamos viajar juntos neste tema, vamos a mais um exemplo.

Durante alguns anos da minha vida, acumulei a função de professor universitário, e quando levávamos a teoria para um caso prático, a capacidade de absorção e o interesse dos alunos aumentavam consideravelmente, por isso gosto muito de exemplos.

Desta vez vamos de futebol.

Calma, não vamos discutir aqui qual é o melhor time, o melhor treinador, jogador ou seleção, até porque isso daria outro livro. Vamos pelo seguinte caminho:

Quem já não ouviu falar de Jorge Jesus? Inteligente, elegante, polêmico, diferente, ousado e criativo.

Algumas pessoas sabem, mas não todas, que ele foi jogador de futebol antes de abraçar a carreira de treinador. Era um bom jogador, aguerrido, sempre foi notado, mas nunca um expoente do futebol.

Quando o nome Jorge Jesus vem à sua mente, qual a referência imediata que você faz? Técnico de futebol.

Ora, se ele foi jogador, por que sua mente conectou-o com o treinador? A resposta é simples: sucesso. Sua mente seguiu para onde estava direcionado o foco da luz dele, que é reconhecidamente um grande profissional; suas qualidades e os resultados que vêm obtendo como técnico de futebol são simplesmente indiscutíveis. O fato de ter sido jogador de futebol qualificou-o parcialmente para a nova carreira por conta das experiências de campo, exatamente como falamos no início do livro, quando dissemos que o vendedor é formado pelo dia a dia nas ruas, visitando cada vez mais seus clientes.

A qualificação é parcial porque não basta apenas isso para atingir os níveis de excelência que ele atingiu como treinador. Jesus buscou aperfeiçoamento técnico — da mesma forma que falamos dos cursos de técnicas de venda — e, principalmente, reuniu diversas qualidades e talentos para exercer a nova função. Algumas dessas qualidades são: percepção, liderança, capacidade de aglutinação direcionada (condição que o profissional tem para manter um grupo sob o seu comando de forma compacta em prol de um objetivo comum), visão, flexibilidade e tomada de decisões.

Tudo bem, mas o que isso tem de importante para a nossa vida de vendedor? Muita coisa, mas muita mesmo, ou você nunca ficou sabendo de carreiras brilhantes de vendedores serem precipitadamente encerradas? Vendedores fantásticos que se perderam e arruinaram suas carreiras?

Quando o vendedor está indo muito bem, ele naturalmente vira alvo das atenções na empresa — e é aí que mora o perigo. Na placa de perigo vem escrito o seguinte:

Promoção!

Como prêmio por você ser o nosso melhor vendedor, a partir de agora você é o novo gerente de vendas.

E na grande maioria das vezes, isso é o início do seu fim!

Mais tarde, quem o promoveu a gerente de vendas, ainda vai dizer assim: "E ele parecia que era bom... Vai ver que era sorte, ou então tinha os melhores clientes da empresa... Aí é fácil".

Se você está rindo agora, ria mesmo, porque é muito melhor que chorar.

Se o melhor jogador de futebol fosse o melhor técnico, o time treinado pelo Pelé não perderia um jogo sequer. Não é assim que funciona...

Da mesma forma que para o Jesus não bastava a experiência de campo para ser um bom técnico de futebol, para ser um bom gerente de vendas também não basta ser um bom ou o melhor vendedor.

Onde estão os pré-requisitos básicos para a função gerencial?

- Gestão (de pessoas e de processos).
- Planejamento de médio e longo prazos.
- Interação e sinergia com gerências afins.
- Acompanhamento motivacional das tarefas da equipe.

Um fato novo e importantíssimo:
- Saber extrair e cobrar resultados da equipe e continuar a ser cobrado, só que agora pelo resultado de um todo e não de uma parte.
- Ser reconhecido como líder, mas uma liderança conquistada, não a impositiva (em função do que vem escrito abaixo do seu nome no cartão de visitas).

É, meu amigo, tudo isso é novidade, não é? Bem diferente do seu dia a dia de vendedor. Então, eu acho que já podemos comentar a quarta e a quinta opções que deixamos para o fim do capítulo.

A quarta opção é reconhecer sua qualificação, seus valores, seus talentos, e perceber se uma promoção é oportunidade ou ameaça. E a quinta opção, a minha preferida, é estar sempre em busca do aperfeiçoamento contínuo daquelas ações que você tem domínio, por meio das quais consegue obter resultados positivos e é reconhecido.

Não estou dizendo com isso que não devemos alçar altos voos ou desbravar novos horizontes, só estou atentando para o fato de que se deve avaliar bastante se estamos ou não preparados naquele momento para um novo desafio. E só para ratificar: passar do bom para o ótimo é um grande desafio.

Por essas e outras, antes de você saber se já chegou lá ou não, assegure-se de que ainda há muito espaço ao seu redor para dar sequência ao seu crescimento como um efetivo vendedor de sucesso.

Alcançar, por exemplo, o estágio de saber o que se está vendendo é maravilhoso, é quase o topo. Não entendeu? Vamos lá: se você vende um batom para uma mulher, o que você está realmente vendendo?

Se a resposta foi um "cosmético", não está errada, mas certamente você está longe do topo. Se a resposta foi a "esperança de um romance", você já chegou lá.

Ninguém compra produtos, mas benefícios e sonhos.

Se você ainda não chegou lá, não quer dizer que é um perdedor. Se você tem a real percepção de que durante a sua atuação pode tanto ganhar quanto perder, esse é um prenúncio de vitória, de sucesso. Perigoso é ter no pensamento coisas do tipo: "Vai dar tudo certo..."; "Vai dar tudo errado...". Esse é o protótipo do perdedor.

Muito cuidado, pois quando você começa a se sentir a pessoa mais importante do mundo, esse é o início do seu fim!

Não se esqueça de que sucesso é pressão! Viajar, trocar de cama o tempo todo, arrumar e desarrumar malas praticamente todos os dias, acordar de madrugada, aguardar horas um cliente importante, enfim, muito trabalho.

CAPÍTULO 5

GERENTE DE VENDAS BOM É O GERENTE O.M.M.C.

Não receie a adversidade: lembre-se de que os papagaios de papel sobem contra o vento e não a favor dele.

Para falar de gerentes, de pessoas que trazem consigo a responsabilidade de conduzir grupos, comandar ações em busca de um mesmo fim, é de fundamental importância que falemos um pouco de liderança.

Você sabia?

QUE 69% DO COMPROMETIMENTO DOS FUNCIONÁRIOS NAS EMPRESAS É ATRIBUÍDO ÀS QUALIDADES E AO COMPORTAMENTO DOS LÍDERES?

Perigo!

Mandar é... obedecer e controlar, gerenciamentos autocráticos e paternalistas, fundamentados na centralização das decisões, no comando pela autoridade.

Liderança:
- É a habilidade de levar pessoas a alcançar resultados.
- É saber lidar com as diferenças individuais.
- É praticar a "ARTE DO POSSÍVEL".
- É saber ouvir para compreender
- É indicar o caminho

Liderança é formar, informar, orientar, apoiar, reconhecer, energizar, incentivar e, principalmente, acompanhar.

Liderar não significa apenas ter seguidores, mas saber quantos líderes se conseguiu criar entre os seguidores.

Um líder sempre deve dizer "nós"; olhar para os ganhos e não para as perdas; avaliar o grau de colaboração; ir sempre primeiro; ser o último a sair; utilizar a justiça como regra; **tomar decisões e atitudes transparentes e transmitir credibilidade e confiança.**

Estas são as principais ferramentas de um líder:
- A qualidade das relações.
- A gestão de conflitos.
- A comunicação falada e escrita.
- O saber ouvir.
- A delegação.
- A criatividade.
- A administração do tempo.
- A avaliação de desempenho.
- Desafiar o estabelecido.
- A preocupação com o bem-estar das pessoas.
- A busca do consenso no grupo.
- O planejamento e a organização.
- A educação.
- O saber dar feedback.
- O saber negociar.

Você confiaria neste indivíduo para contribuir com o seu crescimento profissional?

Um líder é melhor quando apenas se sabe que ele existe. Não tão bom quando é honrado e louvado; menos quando é temido, e pior quando odiado. Mas de um bom líder, quando seu trabalho estiver terminado, todos dizem: FOMOS NÓS QUE FIZEMOS!

Outra coisa: ninguém contrata um gestor para ser amado e sim para dar resultados

Agora que já demos algumas breves pinceladas na questão da liderança, você deve estar imaginando o quanto um bom gerente de vendas pode ser importante e definitivamente decisivo em seu sucesso profissional. Bem, vamos à realidade nua e crua:

Quer uma situação mais aterrorizante do que você, como vendedor, ter um gerente de vendas "complicado"? Nossa, quanta coisa veio à sua cabeça agora, hein? Está pensando no seu gerente, não é? Mas primeiro vamos definir direitinho o que realmente significa a expressão "complicado":

Um gerente de vendas complicado é o indivíduo que nunca foi vendedor, jamais carregou uma pasta na vida, vive extremamente bem-vestido (o brilho do cinto e do sapato obrigam você a colocar óculos escuros; o vinco da calça, se bater, quebra, e a indispensável gravata vem com o desenho do Pateta, afinal de contas, ele tem de ser notado), detesta sair com os vendedores, só visita os maiores clientes (mesmo assim com o vendedor do lado, porque ele não sabe chegar lá sozinho), adora cobrar relatórios que não servem para nada, tem orgasmos quando faz apresentações em PowerPoint (se tiver um Laserpoint, então, ele morre) e, para finalizar, não sabe o que fazer para agradar seu "chefinho", possivelmente o diretor comercial.

Depois dessa rápida descrição, pode relaxar e pensar no que fazer com esse "mala". Bem, todo mundo nessa vida, antes de ir para o céu, dá uma passadinha pelo inferno e pelo jeito, essa é a sua vez.

Mas como o objetivo do livro não é deixá-lo tenso, vamos imaginar que o seu gerente é um GR, ou seja, um Gerente Resultado, é o profissional com foco, energia e liderança para conduzi-lo à vitória. Aí, sim, estamos falando que o seu sucesso profissional pode chegar mais rápido do que você imagina.

Ninguém chega a lugar nenhum sozinho, nem no inferno, porque, para piorar, uma vez que inferno é inferno, sabe quem vai estar lá sentadinho esperando por você? O gerente complicado, o "mala".

Voltando ao grande profissional, ao gerente que efetivamente contribui com o seu dia a dia, com o seu crescimento profissional, que constrói com você seus resultados e vibra a cada pedido seu como se fosse dele.

Agora, você deve estar se perguntando: o que vem a ser **O.M.M.C.**? É simples, basta pensar na base do gerenciamento de vendas, nas ações que efetivamente elevam o moral do grupo e geram resultados positivos. Esse é um método de gestão que criei e adotei em muitas empresas com absoluto sucesso.

Vamos começar pelo **O**:

ORIENTAÇÃO

"Não tenha medo de desistir do bom para perseguir o ótimo."

John D. Rockefeller

Orientar não é informar alguma coisa a alguém. Orientar é direcionar para a melhor opção. Veja a diferença:

O camarada perdido na cidade grande pega a primeira pessoa que ele vê pela frente e pergunta: "Por favor, como faço para chegar ao aeroporto?". Aí vem a orientação, que classificamos de pré-primária: "Pega um táxi que ele deixa você lá".

Trazendo o exemplo acima para a nossa realidade, é o mesmo comportamento que o gerente de vendas tem quando, naquele fatídico dia de treinamento ou numa reunião de vendas, entrega a listagem de clientes, a tabela de preços, as condições comerciais e diz: "Boas vendas, a empresa conta com você!".

Orientar é a base de tudo, e se o gestor não consegue transmitir exatamente o que ele quer, como é que o vendedor poderá descobrir os melhores caminhos, os possíveis atalhos, os limites de velocidade, as regras, suas reais chances de vitória, enfim... O próprio gestor começou a construir um vendedor fracassado.

O gerente precisa falar da linha de produtos, da particularidade de cada um deles, do perfil e do potencial de cada cliente, das possibilidades de novos negócios, do que representa a carteira de clientes do vendedor para a equipe e para a empresa, da roteirização das visitas visando uma maior produtividade, das oportunidades e das ameaças do setor, bem como de aspectos internos da empresa, de como o trabalho do vendedor impacta na administração. Ele precisa apresentar o kit básico de trabalho do vendedor e promover claramente suas expectativas.

Quando o gerente não orienta adequadamente seu vendedor, ele acaba por alimentar automaticamente o arsenal de desculpas do seu funcionário.

Olha o arsenal!

Agora vamos para aquela parte do *recordar é viver*:

1. O cliente não estava.
2. Peguei um trânsito danado e o cliente não pôde me esperar.
3. O cliente está estocado até o teto.
4. Ele disse que o nosso produto não gira.
5. O mercado está parado, ninguém está comprando nada.
6. Nosso preço está caro.
7. O cliente precisa de mais prazo.
8. Ele quer bonificação.
9. Ele só compra do concorrente. Acho melhor parar de visitá-lo.
10. Início de mês, sabe como é...

Outra coisa que notamos é a enorme capacidade que esse tipo de vendedor tem de dar conselhos após as desculpas. Guarde na sua mente o seguinte: a melhor maneira de ser bem-sucedido é agir de acordo com os conselhos que damos aos outros.

Vamos parar por aqui porque tem umas desculpas novas, que nem todo mundo sabe, e não é bom ficar divulgando. Isso tudo sem contar que, quando o gerente efetivamente orienta seu vendedor, inclusive aplicando com ele a orientação na prática, visitando a carteira de clientes que ele irá assumir, o gestor adquire o que há de mais importante na relação entre gerente e vendedor: respeito e admiração.

Um vendedor só consegue aceitar a subordinação se ela for realmente produtiva, se a orientação for consistente e proveniente de experiências de campo, ou seja, se ele percebe que o gerente conhece mais sobre o assunto do que ele — assim, se precisar fazer o que o gerente faz, ele faz. Caso contrário, ficará naquele "pode contar comigo" e nada acontece.

Muito bem, agora vamos ao **M**.

MOTIVAÇÃO

Muitas pessoas têm uma boa mira na vida, mas por algum motivo nunca puxam o gatilho. Motivação pode ser o câncer de uma empresa se não for bem compreendida. Ela só existe para os preparados, para aqueles que nos dois últimos dias do mês estão a 5% de bater a meta, e aí entra aquele gás que pode ser um apoio do gerente saindo junto, a promessa de um prêmio ou um reconhecimento popular, que não tem preço.

Ficar urrando gritos de guerra e ficar enviando mensagens motivacionais pelo WhatsApp não vão fazer diferença alguma, porque o despreparado não sabe o que fazer... Não vou me estender muito neste tema porque motivação é um atributo cíclico da venda, ou seja, tem de estar presente o tempo todo.

A melhor definição de motivação que já ouvi é mais ou menos a seguinte:

Convenção Nacional de Vendas da Empresa X, e por falar em convenção de vendas, que mereceria um capítulo à parte, são raríssimas as empresas que sabem planejar e executar bem esse tipo de evento: na maioria das vezes, ou vira um centro de cobranças descabidas, que só servem para expor os vendedores e desmotivar a equipe, ou um verdadeiro "show de atrações", com quatro *coffee breaks* por dia, aquele farto almoço, seguido da palestra com o gerente de marketing que nunca visitou um cliente e nunca vendeu sequer água no deserto, apresentando aquela pirotecnia de projeções que ninguém entende e por isso acaba dormindo. E à noite, que deveria ser seu momento de *re-*

lax, a empresa não "banca" sequer um chopinho — quem quiser que pague o seu. Aí é duro, *né*?

Meu amigo leitor, me desculpe, mas é que fui lembrando de algumas coisas do meu passado e me bateu aquela revolta. Mas voltando ao exemplo da motivação que aconteceu durante uma dessas convenções... O diretor da empresa, falando para toda a equipe de vendas de todo o Brasil, subitamente pergunta para um vendedor o que significava para ele a palavra motivação. Ele respondeu o seguinte: "Bem, para mim, motivação é alguém me dar algum motivo para fazer alguma coisa". Motivo para uma ação.

Essa resposta estaria 100% certa se não tivesse sido criada pela brilhante mente de um vendedor. O vendedor não pode precisar de alguém para motivá-lo a sair de casa, visitar seus clientes, buscar o número da sua cota mensal e etc., por isso falamos que em nossa profissão **automotivação** é fundamental.

Então, para que o M no gerente O.M.M.C.? Exatamente para tornar constante, viva e diversificada essa ferramenta.

A arte de motivar pessoas não está num simples comando do tipo "Vamos lá!". Motivar é cativar, é fazer o vendedor se sentir parte de um todo, uma peça fundamental de uma engrenagem, alguém absolutamente indispensável.

Motivar é estar perto nas horas mais difíceis, seja na vida profissional, seja na vida pessoal.

Motivar é sonhar junto.

Motivar é comemorar o gol, mesmo que você não tenha nem participado da jogada.

Motivar é, fundamentalmente, surpreender.

Motivação é uma magia contagiante, uma situação na qual o agente motivador se envolve de tal forma que conquista a adesão da família do vendedor mesmo sem nunca ter visto a esposa dele, ou o marido — digo isso porque o que tem de vendedora boa... quero dizer, muito eficiente, é realmente impressionante e bastante empolgante. Falando nisso, eu amo trabalhar com mulheres!

Olha aí... eu até me motivei agora! Motivação é isso, acontece naturalmente.

O outro **M**.

MONITORAR

Não há a menor possibilidade de um profissional obter sucesso sem monitoramento. Acompanhar um profissional é um ato de grandeza do líder. Pegar pela mão, visitar junto, avaliar números juntos, perceber se ele está seguindo as orientações e se a percepção está aguçada e calibrada para novos negócios. Saiba que todas as pessoas de sucesso apreciam ser gerenciadas e monitoradas.

COBRANÇA

Muitos vendedores não reclamam da tal cobrança — eles chiam!

A própria palavra "cobrança" já não é legal. Aponte-me uma coisa boa que essa palavra lembra. Por exemplo, agora mesmo, lembrei-me das contas do fim do mês, da cobrança eletrônica que chegou hoje pelo meu e-mail, de um dos meus cachorros que, quando chego em casa e não vou primeiro falar com ele, é aquela "latição".

Cobrança é cobrança, não tem como deixar isso aqui bonito, não. Mas podemos torná-la compreensível, amigável e mais fácil de lidar. Cobrança é como crítica, ninguém gosta. Mas está errado! Quem você acha que é mais seu amigo: aquele que não se importa com seus planos e ações, ou aquele que se envolve e, quando tem de elogiar, elogia, e quando precisa criticar, critica?

Você está andando de cabeça baixa. Logo na sua frente tem uma parede, mas que você não vê. Há dois amigos seus por perto e cada um diz uma frase. O primeiro pensa consigo: "O cara é cego. Será que ele não está vendo que aí tem uma parede? Vai se arrebentar". O segundo: "Ei, você está cego? Tem uma parede aí na sua frente. Você vai enfiar a cara nela e acabar se machucando. Desvie!".

O que será que o gerente O.M.M.C. diria numa situação como essa? Ele não diria nada, pois já teria orientado o vendedor de que ali havia uma parede logo na primeira fase do processo.

Cobrar também é uma arte. Você pode cobrar resultados reorientando seu vendedor, criando uma nova situação motivacional, fazendo comparações (isoladamente) com outros vendedores da equipe que estejam obtendo sucesso, propondo-se a passar alguns dias trabalhando com ele para detectar possíveis falhas e corrigir o rumo.

Cobrar não é só criticar e estipular prazos para mudanças. O gerente que sabe cobrar transforma essa ferramenta em motivação.

Quando você está sendo cobrado por alguém que se preocupa com a sua correta orientação, que se empenha diariamente para mantê-lo motivado, é difícil não compreender que a cobrança é lícita e necessária. E para sua informação, a cobrança é que vai torná-lo um verdadeiro profissional, pois é ela que instiga os verdadeiros vendedores a trilhar os melhores caminhos e a alcançar a meta estipulada.

> **Metas são necessárias não apenas para nos motivar. Elas são essenciais para nos manter vivos.**

E naturalmente chega a hora em que você inicia seu próprio processo de cobrança em relação a questões como desempenho, administração do tempo, resultados, produtividade, postura, discurso, e é aí que sua qualificação como vendedor ganha mais uma estrela.

Durante toda a minha vida conheci poucos gerentes O.M.M.C., pois eles ficam pouco tempo nos seus cargos, nas suas empresas, até mesmo no seu país. Se você tiver um O.M.M.C. por perto, aproveite, porque isso provavelmente vai durar pouco. Até porque não conheço nenhum bom profissional que esteja desempregado.

Veja bem, profissional bom não é *curriculum*, é história de sucesso. Por exemplo:

A Empresa A, quando eu comecei, tinha um faturamento de 1. Quando eu a deixei a convite da Empresa B, eu acumulava um faturamento de 2. Na Empresa B aumentei a produtividade em 15% e diminuí os custos de venda em 8%.

A imagem real do gerente complicado após a sua primeira e única visita do dia.

Essa é a diferença entre os profissionais cheios de diploma, idiomas e cursos e os de resultados comprovados.

Logo acima vocês vão notar que escrevi a expressão "veja bem", mas preciso confessar que eu a apaguei pelo menos umas cinco vezes, e depois resolvi deixá-la só para lembrar quanto eu a detesto. Sabe por quê? Quando um vendedor começa a responder uma pergunta do seu gerente com o tal "veja bem", é porque vem desculpa na certa: "Veja bem, o mercado *tá* parado e as coisas...". É duro!

Agora, para concluir, me diga uma coisa: aonde você acha que pode chegar uma empresa cujo gerente é o "complicado" e o vendedor é o "veja bem"?

O.M.M.C. neles!!!

Faça o seguinte: na próxima reunião de vendas, informe seu gerente que você chegou a vinte atitudes que podem efetivamente enobrecer a gestão dele. Para agradá-lo, diga que uma você esqueceu. Assim, seguem as outras 19 atitudes:

1. Foco nos resultados.
2. Capacidade de visão.
3. Gerenciamento da mudança.
4. Gerenciamento de recursos humanos.
5. Administração do orçamento.
6. Foco na qualidade.
7. Atuação como modelo.
8. Autodesenvolvimento.
9. Criatividade e inovação.
10. Liderança de times.
11. Comunicação oral.
12. Capacidade de influenciar.
13. Flexibilidade.
14. Negociação.
15. Habilidades interpessoais.
16. Solução de problemas e tomada de decisão.
17. Planejamento e organização.
18. Comunicação escrita.
19. Gerenciamento e aplicação de tecnologia.

O VENDEDOR PIT BULL

Eu acho que ele vai adorar... Diga-lhe que, para conduzir uma sinfonia, às vezes é preciso dar as costas para a plateia, só para manter a tão desejada harmonia.

CAPÍTULO 6

CAMINHANDO PARA A VENDA

Tão logo iniciei minha carreira de vendas, aprendi o quanto era importante estar preparado para ter êxito no meu trabalho. Em 1988 eu era assistente de marketing de uma empresa de grande porte. Tinha apenas 24 anos e toda presunção e irreverência inerentes à idade.

Imaginem vocês como eu não era com 24 anos... Pit Bull daqueles bravos!

Bem, meu instrutor era um supervisor de vendas que já estava na empresa havia muitos anos, tinha experiência empírica que permitia o conhecimento de clientes e produtos e, de alguma forma, também o domínio sobre técnicas de venda. Eu tinha o privilégio de estar aprendendo com um veterano instrutor que, por meio de exemplos, me ensinava como vender.

Certo dia, estávamos num cliente que, coincidentemente, era o melhor cliente da minha carteira e um dos vinte melhores da empresa. Durante o desenrolar da visita eu só conseguia pensar na comissão e no prêmio de vendas que estava prestes a obter com o fechamento do pedido. Sabe como é... estava com quem poderia me ajudar a resolver a questão na hora, mas, de repente, meu instrutor interrompeu sua apresentação, me passou todo o material e pediu que eu continuasse, pois precisava ir ao banheiro. Peguei o catálogo, as tabelas e comecei a balbuciar e a gaguejar... Estava suando frio, incapaz de dar continuidade e muito menos de concluir a venda. Muito envergonhado, dei um jeitinho e pedi ao cliente que aguardasse um pouco, até que meu instrutor voltasse.

Essa experiência foi o maior aprendizado que recebi, pois me deu a humildade de reconhecer que é preciso estar muito, mas muito bem preparado para enfrentar qualquer desafio na vida.

Hoje, com as inovações tecnológicas surgindo mais rápido que a capacidade de adaptação da sociedade às mudanças, os novos modelos educacionais têm de trabalhar com ciclos de tempo significativamente mais reduzidos. É preciso se adequar a essas mudanças, aprender com cada nova experiência, principalmente com aquelas que você não encontra em nenhum livro (a não ser neste aqui, é claro), aquelas que só você, vendedor, é capaz de identificar, aquelas que nenhum gerente burocrata de vendas conhece: a venda no campo, no dia a dia; a vida no seu cotidiano, em situações nas quais a tecnologia da informação derruba mitos, dogmas e paradigmas de comunidades urbanas e rurais, além de ameaçar e gerar oportunidades.

> *Se conhecemos o inimigo e a nós mesmos, não precisamos temer o resultado de uma centena de combates. Se nos conhecemos, mas não o inimigo, para cada vitória sofreremos uma derrota.*
> *Se não nos conhecemos e nem o inimigo, perderemos todas as batalhas.*
>
> *Sun Tzu*

Você pode ficar surpreso, mas as habilidades de vendas podem ser ensinadas e aprendidas. Talvez sua surpresa prenda-se ao fato de que poucos programas de treinamento de vendas se propõem a isso. Na verdade, tratam esse tema de uma forma genérica, sem o aprofundamento necessário ao seu entendimento. A questão é, antes de fazer qualquer curso, verifique a classificação do filme, ou melhor, veja se o instrutor já vendeu alguma coisa para alguém e se teve sucesso na profissão; caso contrário, fica difícil, *né*....

Pense assim:

Se você fosse para uma guerra, ficaria animado com o fato de o seu general nunca ter dado um tiro?

Agora imagine entregar a sua força de vendas para um cara que nunca vendeu nada...

Do nascimento à morte, cada um de nós está constantemente vendendo. De uma maneira ou de outra, estamos sempre tentando persuadir alguém a fazer alguma coisa. Desde os nossos primeiros dias e em todos os outros, até o "inevitável fim", continuamos vendendo.

Não se confunda com aquele bebê prodígio de que falamos lá no início do livro; aqui estamos falando da capacidade natural que todo ser humano tem de persuadir alguém a fazer alguma coisa, mesmo com talentos limitados, sem brilho e sem poder de convicção.

Quando queremos algo, desenvolvemos ferramentas desde a mais precária até a mais sofisticada para alcançar nossos objetivos.

Embora todo mundo passe a vida vendendo, alguns de nós optam pela venda como uma profissão. Aqui está a diferença entre vendedor e profissional de vendas.

Mas, ao contrário da expressão "ele é um vendedor nato", ninguém nasce médico, engenheiro, advogado, sociólogo e muito menos vendedor. Ninguém nasce pronto para exercer uma profissão. Adquirindo e aplicando os conhecimentos básicos e as habilidades necessárias à sua ocupação, qualquer pessoa pode ter um bom desempenho profissional.

Entretanto, é preciso muito, mas muito treinamento mesmo, além de aprimoramento e uma boa formação acadêmica se você quiser se tornar um profissional de vendas. O importante é saber que é possível aprender habilidades de vendas para ter mais sucesso em sua carreira.

Vender é uma profissão de prestação de serviços, e em qualquer atividade de serviços as atitudes dos profissionais os distinguem dos amadores. Um cirurgião não fará, voluntariamente, uma operação desnecessária. Um advogado profissional não faz plantão em delegacias. Um professor profissional não menospreza um aluno mal preparado. Tampouco o vendedor profissional recorre a truques ou engodos para consumar uma venda.

"Os profissionais aplicam suas habilidades e os conhecimentos especializados para atender às necessidades de seus clientes."

Evoluindo... O que é a tal da venda?

Quando o vendedor e o comprador fazem um acordo mútuo de trocar produtos e serviços por alguma outra coisa de valor, com ganhos iguais para ambos, ocorre uma venda.

Muitas vezes se considera que obter um pedido é sinônimo de "fazer uma venda". Na verdade, são coisas diferentes: o pedido é uma ordem ou autorização para fazer algo específico. Na maioria das vezes, o pedido não passa de uma autorização para o faturamento e expedição do produto e/ou serviço desejado.

Entretanto, somente quando o comprador tiver recebido e pago pelo produto e/ou serviço que pediu, quando estiver desfrutando das vantagens e benefícios que lhe prometeram, somente nesse momento o processo terá resultado numa venda. Apenas nesse momento é que ambas as partes terão tido ganhos equivalentes.

Não se esqueça: ganha X ganha.

Mas não se esqueça mesmo é de trazer o pedido!

Evoluindo ainda mais...
O que é uma venda criativa?

Venda criativa é criar uma situação que resulte numa venda. Ela ocorre quando conseguimos levar o cliente a pensar e a se sentir da mesma forma que nós em relação a uma proposta, de modo que o comprador aja favoravelmente e obtenha os benefícios desejados.

A venda criativa faz o cliente sentir que ele comprou, não que lhe venderam alguma coisa. Quando um vendedor profissional planeja, prepara e faz uma apresentação de vendas criativa, ela é uma obra de arte, algo único e exclusivo, adaptado às necessidades específicas daquele cliente em particular. Os vendedores profissionais se dedicam exclusivamente a esse tipo de venda.

Vender é um processo simples:

- Primeiro, você descobre o que o cliente quer.
- Segundo, você informa que tem o que ele quer.
- Terceiro, você diz como ele pode comprar.

Basicamente, esses são os passos que precisamos seguir para criar uma venda. Embora cada ser humano seja diferente e não haja dois *speeches* de vendas iguais, os clientes tendem a seguir certos padrões de comportamento. A partir do conhecimento acumulado sobre o comportamento dos compradores, e ao longo dos anos, vendedores profissionais foram estudando e aperfeiçoando o processo de venda. Analisaram seus resultados e construíram uma via expressa que os levasse até o sucesso: o caminho para a venda.

É... parece que sabemos de tudo a todo momento, mas na verdade estamos sempre aprendendo e nos preparando. Lembre-se: sem técnica, sem disciplina, sem planejamento, você não alcança sua meta do dia — e às vezes nem sabe por que isso acontece.

Eu quero vê-lo forte e apto a enfrentar todo e qualquer desafio! Além do que você já viu até aqui, anote alguns conselhos úteis que poderão ajudá-lo na sua jornada no caminho para a venda.

Instruções valiosas baseadas em experiências de campo

Ser modesto
Evitar referir-se a seus feitos passados, pois a modéstia encoraja a simpatia do cliente.

Ser educado
Manter uma atitude educada perante o cliente, não contrariá-lo mesmo se ele estiver errado e não insistir em pontos que lhe pareçam errôneos. Tentar contornar o assunto sem nunca demonstrar contrariedade.

Ser agradável
Com simplicidade e moderação, demonstrar gentileza e boa vontade.

Ser compreensível
Agir de acordo com as situações e as circunstâncias existentes. Não se impor inutilmente.

Mediador imparcial
Procurar equilibrar com tato e inteligência as divergências porventura existentes entre o cliente e a empresa, sem tomar partido de um dos lados.

Ser leal
Respeitar sua própria empresa, a fim de que esta seja respeitada pelos seus clientes.

Ser paciente
Saber esperar sua vez para ser atendido, evitando antecipar-se aos que chegarem primeiro. Se o cliente pedir para esperar, não diga: "Estou com pressa, é agora ou na próxima vez!".

Ser habilidoso
Tratar o cliente com firmeza e moderação. Ele é como um passarinho em suas mãos: se apertar muito, acabará sufocando-o; se afrouxar demais, ele escapará.

Estar sempre com uma boa aparência
Boa aparência para demonstrar que é com satisfação e prazer que atendemos nossos clientes.

CAPÍTULO 7

VOCÊ ACHA QUE OS COMPRADORES ESTÃO DORMINDO?

Da mesma forma que nós, vendedores, nos preparamos para o dia a dia, os compradores não se julgam presas fáceis. Eles estão a cada dia se aprimorando mais. Precisamos estar na frente, surpreendê-los — e principalmente, conhecê-los.

Falando nisso, passo a destacar alguns tipos comuns e incomuns de compradores com quem ao longo do tempo tive o prazer de conviver:

Durante nossas caminhadas por diferentes mercados, acabamos encontrando compradores com as mais diversas e esquisitas características, e para cada um desses tipos precisamos de uma técnica de abordagem diferente. Basicamente, os tipos mais comuns de compradores podem ser encaixados nas seguintes categorias (apesar de existirem dezenas de outros tipos):

O orgulhoso

É aquele que se considera muito "acima" da inteligência normal. Devemos considerá-lo assim mesmo, tomando cuidados especiais com tudo que dizemos.

- Ofereça seu produto sem usar argumentos banais.
- Não insista em pontos de menor importância.
- Seja breve, objetivo e convincente.
- Seja sempre muito educado, mesmo depois de várias visitas, porque esse tipo de comprador muda de temperamento a toda hora, sem aviso prévio.
- Evite muita intimidade.

O diferente

Este quase sempre gosta de perceber as "coisinhas" insignificantes na conduta do vendedor para deixá-lo absolutamente sem chão, sem graça, sem ação.

- Escolha suas palavras com cuidado.
- Jamais fume na loja sem saber se isso o desagrada ou não.

- Não fale com seus clientes no balcão, porque ele achará que você está falando contra ele.
- Não ultrapasse os limites permitidos na loja, mesmo quando estiver esperando por ele.

Às vezes, esse tipo de comprador declara abertamente para o vendedor que não gosta disso ou daquilo, mas a maioria não diz nada e age de maneira inesperada. O vendedor terá de se concentrar para detectar o que pode ser feito para não desagradar o cliente.

O preparado

Este é o comprador ideal. Com ele é possível ter bom humor e usar à vontade seus diversos argumentos. Cuidado com ele, pois é esperto e tem também boa conversa, podendo usar os próprios argumentos do vendedor para derrubá-lo. Mas ao contrário dos outros, ele compreenderá um bom raciocínio, discutindo com bases lógicas sobre os diversos pontos de uma negociação.

- Seja franco.
- Seja claro na sua exposição.
- Seja sério.

Sabendo usar seus argumentos nos momentos propícios, o pedido é certo.

O teimoso

Este nunca se retrairá, mesmo que tenha dito alguma coisa sem lógica, empenhando-se para provar para o vendedor que ele tem razão.

Nunca o contrarie; tente contornar a conversa sobre as vantagens de ter a mercadoria, mostre a margem de lucro e a rápida saída do seu produto. Tente elogiá-lo com cuidado e tato.

Este tipo habitualmente se deixa influenciar por elogios. Mostre-se maleável em aceitar o que ele diz, aproveitando para encaixar os argumentos.

Não o contrarie. Concorde sempre com ele, exceto no que possa vir a prejudicar o andamento da venda. Não insista com bobagens.

O parceiro
Este permanecerá amigo até que o vendedor comece a abusar dessa amizade para fechar pedidos.

Com este tipo, o vendedor deverá "encaixar" a amizade na confiança que deve desenvolver com ele. Demonstre ao comprador que sua amizade está acima de um pedido. Cultive isso mostrando, por exemplo, que ele pediu uma quantidade muito grande de um determinado produto — aos poucos ele lhe dará completa liberdade para tirar o pedido sozinho. Aliás, essa confiança deve ser cultivada com todos os clientes.

- Não abuse da amizade.
- Cultive a confiança.
- Mostre que sua amizade vale mais que pedidos.
- Trate-o como você o tratava antes — nem mais, nem menos.

Aquela velha história: amigos, amigos, negócios à parte...

O guerra de preço
Esta é sempre um problema: qualquer que seja o preço oferecido, mesmo o mais baixo, ele só comprará se obtiver uma bonificação ou um abatimento.

Procure explicar para esse tipo de comprador que a qualidade e o giro mais rápido de um produto é mais importante que um desconto. Use o argumento do "desconto opcional" para pagamento antecipado. Esse tipo de comprador quase sempre faz "abacaxis" nos negócios: a mercadoria comprada mais barata fica empatada nas prateleiras, sem saída. Será que vale a pena?

- Demonstre o lucro dos produtos que você vende.
- Explique a vantagem da saída rápida.

- Mostre a qualidade.
- Insista nas questões de desconto opcional, prazo, entrega rápida e etc.

É, meu amigo, estou aqui imaginando quantas e quantas pessoas você já enquadrou em cada um desses variados tipos de compradores. E o pior é que eles existem!

O mais importante é que o cliente é o nosso objetivo; para atingi-lo devemos usar uma técnica diferente em cada circunstância.

Isso é a arte de vender.

Bem, se você ficou demasiadamente preocupado, podemos treinar um pouco para tentar tirá-lo de situações indesejáveis. Vamos lá!

O comprador diz: "É muito caro".

Aí você arrebenta: "As pesquisas indicam que esses produtos têm consumidores em todas as camadas sociais.
A falta dos produtos na sua loja fará com que o cliente vá procurá-los no seu concorrente, com isso o senhor deixará de ganhar. Vou lhe mandar algumas unidades".

O comprador argumenta: "Não trabalho com esse produto".

Aí você dá um show: "Hoje a diversificação do comércio é uma necessidade, visando o aproveitamento total do potencial de compras de cada consumidor. Os produtos da minha empresa são de primeira qualidade, com alto impacto na mídia, o que lhe garante um forte giro. Sua margem de lucro será elevada e se repetirá muitas vezes, inclusive pela promoção do produto que farei no ponto de venda!".

O comprador insiste: "Não trabalho com esse tipo de...".

Você não deixa por menos: "Todos os lançamentos dos produtos com os quais trabalhamos são baseados em pesquisas de preferência realizadas com o consumidor, que gosta de ter uma opção de escolha de acordo com o seu poder aquisitivo, seu gosto particular, sua preferência por embalagem, cor, design e etc. Vamos ao pedido!".

O comprador é difícil: "Hoje estou com as compras suspensas".

Mas você não desiste: "Não se preocupe! A principal finalidade da minha visita é prestar serviços em sua loja, dentre eles, cuidar para que seus estoques não cheguem a zero, evitando, assim, a perda de negócios. Mandarei seu pedido somente no fim da semana".

E lá vem ele de novo: "Tenho muitos concorrentes".

Mas você é fera: "Compreendo, entretanto, entram muitos clientes na loja, e eles têm preferências variadas e o direito de escolha — merecem uma opção a mais de compra. Imagine um único tipo de sabão em pó fabricado no Brasil para todos os consumidores. Não atenderia às necessidades de consumo.

Minha empresa tem inúmeros itens, de "A" a "Z", que em sua maioria têm giro rápido, propaganda, qualidade e margem de lucro satisfatória".

Ele está cansando: "Olhe, passe por aqui no próximo mês que eu compro".

O pior é que você também, mas seja um Pit Bull: "A frequência das nossas visitas é semanal, por conta da assistência que tenho de dispensar a todos os clientes da área! Por isso, se faltarem mercadorias nesse período, o senhor deixará de vender e consequentemente de ganhar, não servindo bem seus clientes tradicionais! A rotação dos produtos que vendemos é elevada por causa do consumo, que se tornou obrigatório. Anotarei seu pedido e o entregarei somente na próxima semana".

É, vida de vendedor não é fácil...
Até eu cansei nessa.
Mas a venda é nossa!

Agora, para que essa venda suada não seja aleatória e nem obra do acaso, cuide da sua conduta pessoal:

Cumpra suas promessas

Faça o que diz. Não prometa nada que não possa ou que não tenha realmente intenção de cumprir. Então tire o melhor partido possível da promessa cumprida. Cumprir uma promessa é também manter a palavra. Nunca diga: "Farei isso ainda esta semana" ou "Este pedido será entregue depois de amanhã", a não ser que isso seja de fato verdade.

O cliente deve ter certeza de que realmente pode depender do vendedor. Muitas vezes um vendedor, no afã de não perder um negócio, sente-se tentado a fazer uma promessa leviana... Talvez o negócio seja fechado, mas o cliente acabará perdendo a confiança no profissional, e este verá seus negócios ou as portas do mercado se fechando para ele.

Seja pontual

Não deixe o cliente esperar por você. Um vendedor que se atrasa, que não dá a devida importância aos horários, verá que o cliente não esperará por ele para fechar o pedido, podendo transferir seus negócios para a concorrência.

Mas pontualidade não é apenas chegar na hora, quer dizer regularidade também. Habitue o cliente a acertar o dia de sua visita. Se houver algum empecilho, avise-o. Não permita que a concorrência tenha chance de furar suas vendas.

Guarde segredos

Um vendedor está numa posição em que pode descobrir muitos segredos do cliente, segredos que ele não gostaria de ver espalhados pela concorrência. Dessa maneira, o vendedor deve ouvir e ver tudo, mas nada revelar. Se o cliente suspeitar que o vendedor é do tipo tagarela, perderá rapidamente a confiança.

Portanto, não espalhe boatos nem conte histórias sobre os outros. Aquele que ouve os segredos com certeza pensará: "Hoje ele conta para mim, mas amanhã contará de mim". Guarde segredos para si mesmo e use-os apenas em proveito próprio, para desenvolver seus negócios, não traindo a confiança de seus clientes.

Seja equilibrado

Não tenha uma personalidade inconstante. Esforce-se para ser sempre o mesmo. Seja agradável e não mude de humor a toda hora. O cliente tem muitas preocupações e várias vezes altera o ânimo, mas não aprecia um vendedor que não tenha uma personalidade estável. Não tente ser ultraotimista nem demasiado pessimista. O meio-termo é o ideal. Os vendedores visitam clientes todos os dias e precisam deles para progredir. Devem cativá-los por meio de uma personalidade serena.

Impaciência

Eis aqui, infelizmente, um ponto negativo que é encontrado com frequência em muitos vendedores. Espere que o cliente pese os prós e os contras da sua proposta, e não instigue a tomada de uma decisão apressada, uma vez que isso poderá provocar uma atitude negativa em relação ao negócio.

Esses são os fatores de confiança e dependência. Seja comunicativo, otimista, um bom confidente, uma pessoa vibrante e paciente. Amizades e negócios não se fazem num dia. É preciso perseverança para atingir os objetivos.

Agora, o inesperado.

Atenção: como certamente diversos compradores irão comprar esta obra de arte, aqui vai, muito a contragosto, o troco.

Tipos mais populares de vendedores

O educadinho

Este é o que usa elogios falsos para cair nas graças dos clientes. Porém, os clientes tornam-se rapidamente desconfiados desse tipo de vendedor, pois percebem rapidamente tratar-se de um adulador. Deve-se tomar muito cuidado ao fazer elogios a clientes, evitando não incorrer em erros grosseiros.

O "primeiro eu"

Este vive dentro de si mesmo e aborrece os clientes com monólogos sobre si mesmo. E justamente o que o cliente menos quer ouvir é a tagarelice do vendedor — na realidade, o cliente quer discutir seus próprios problemas e a melhor maneira de resolvê-los.

O trator

Este procura ressaltar seus produtos de modo exagerado, destruindo os concorrentes. Por conta das críticas contumazes que faz aos seus competidores, tal vendedor acabará perdendo o respeito do cliente. Se mencionarmos concorrentes, devemos dar-lhes o crédito devido, mostrando, no entanto, as vantagens extras dos nossos produtos, os nossos prazos, ofertas, promoções e qualidades especiais.

O falastrão
Este tem o péssimo hábito de reduzir a zero o cliente que discorda da sua opinião, esquecendo-se de que o importante é vender os produtos da empresa que representa, e não discussões. Saiba sempre como tratar as objeções e reclamações.

O mal-informado
Este é o que procura empurrar uma quantidade que ele não pode vender, por não ter conhecimento das reais necessidades do cliente. Para vender bem é importante estar informado sobre o cliente, além de realmente conhecer o negócio e as necessidades dele.

O escorregadio
É aquele que tem medo de rebater as menores objeções do cliente, objeções essas que poderiam ser facilmente refutadas com técnica. Isso é perigoso, uma vez que uma pequena objeção sem resposta tende a tornar-se um obstáculo intransponível.

O terrorista
Usa alta pressão para forçar o cliente a comprar e a concordar com seus argumentos. O cliente se aborrecerá rapidamente com essa tática e dificilmente comprará com regularidade desse tipo de vendedor.

O inábil
Age com leviandade e perde a simpatia dos clientes, justamente as pessoas a quem mais precisaria impressionar de uma maneira positiva. É importante que se procure ser para cada cliente exatamente o tipo de vendedor que ele gostaria que fôssemos.

É... como vocês podem ver, temos muito, mas muito mesmo a aprender e a reciclar.

CAPÍTULO 8

PAINEL DE CONTROLE

Lembro-me perfeitamente da primeira vez em que entrei numa cabine de comando de um avião. Quantas chaves, luzes, controles — é realmente impressionante.

Fiquei imaginando quanto tempo um comandante leva para desenvolver o pleno conhecimento de cada controle, de cada função, para que serve e quando acionar o que para quê. Cheguei rapidamente à conclusão de que jamais seria um piloto, mas foi automático traçar um paralelo com a minha vida profissional, com a minha vida de vendedor.

As empresas têm uma enorme preocupação em disponibilizar informação para a área de vendas, imprimindo uma infinidade de relatórios com tantas finalidades que nem mesmo quem os desenvolveu sabe direito o benefício que eles podem gerar.

O vendedor se sente exatamente como um piloto de um Boeing avistando o painel de instrumentos pela primeira vez. O que a área de vendas precisa é de informação enxuta, direta e constante. Gráficos nem pensar!

O que ele precisa saber tem de ser útil e ele, vendedor, precisa estar convencido disso. E pode ter certeza de que não serão pilhas de papéis que farão a cabeça dele ou uma enxurrada de e-mails.

Vejamos, então, o que realmente pode e deve ser utilizado pela equipe de vendas, partindo da seguinte premissa:

O que mais interessa ao vendedor?

Chegar à sua meta.

Imagine que a meta é um delicioso bolo de chocolate. Por mais que você queira comer o bolo todo, não conseguirá fazê-lo de uma só vez.

Com a meta é a mesma coisa: quanto mais você dividir a sua meta, mais tangível ela se tornará e você se sentirá mais motivado ao longo da caminhada, uma vez que cada fatia será uma etapa vencida.

Primeiro, vamos entender onde está o bolo; depois, qual é a melhor forma de comer cada fatia.

EM FORMA DE BOLO

Primeiro passo: o bolo

Pergunta:	Onde está o bolo?
Resposta:	O bolo está em São Paulo.
Pergunta:	Onde estou agora?
Resposta:	No Rio de Janeiro.
Pergunta:	A que distância estou do bolo agora?
Resposta:	450 quilômetros.
Objetivo primário:	Percorrer 450 quilômetros e alcançar o bolo.

A META

Meta do mês	R$ 20.000,00
Venda até o momento	R$ 15.000,00
Afastamento da meta	R$ 5.000,00

Veja que isso é o que interessa!
Qual é a meta do mês?
O que já consegui realizar?
Meu objetivo neste momento (quanto falta para eu chegar lá?).

EM FORMA DE RELATÓRIO

VISÃO GERAL

META DO MÊS	VENDA ATUAL	AFASTAMENTO	% DA FALTA
R$ 20.000,00	R$ 15.000,00	R$ 5.000,00	25%

VISÃO SEMANAL

META DO MÊS	META DA SEMANA	VENDA DA SEMANA	% DA FALTA
R$ 20.000,00	R$ 5.000,00	R$ 2.500,00	50%

VISÃO DIÁRIA

META DO MÊS	META DIA	VENDA DIA	% DA FALTA
R$ 20.000,00	R$ 909,09	R$ 181,81	80%

Alcançar a meta é uma delícia!

O quadro da página anterior é um painel de instrumentos básico, mas que funciona e é bastante simples de ser atualizado.

O vendedor tem de ter a meta na cabeça e saber quanto falta para alcançar os 100%.

Para o vendedor Pit Bull, não importa o quanto ele já cumpriu da sua meta, mas quanto falta para atingir o resultado total. Em vendas, não adianta nada o "quase cheguei lá", lembra?

Esse é um tipo de monitoramento simples e motivador que levará cada vendedor à seguinte questão: já sei onde estou, para onde tenho de ir, e agora preciso saber "como" e "o que" tenho de fazer para chegar lá.

Vamos lá!

Segundo passo: fatiando o bolo

Lembre-se de que ter objetivos de curto prazo é uma estratégia que funciona e que o mantém atento ao objetivo maior, que é o somatório das fatias do bolo.

Portanto, o primeiro trabalho é listar todos os seus clientes e atribuir a cada um deles uma meta individual, que somadas representarão o total da meta.

CLIENTE	META INDIVIDUAL
Reclamão	2.000,00
Gente boa	3.000,00
Nervosinho	1.000,00
Comprador	4.000,00
Amigo	3.000,00
Bom humor	2.000,00
Estocado	1.000,00
Hora marcada	2.000,00
Xarope	2.000,00
TOTAL DA META	**R$ 20.000,00**

Na hora de estipular metas para os seus clientes, seja criterioso, faça uma avaliação do potencial de cada um deles, veja o que esse cliente representa no total da sua carteira em faturamento e em volume. Assim você estará sendo justo com o cliente e com você mesmo, pois não estará se impondo metas impossíveis, mas difíceis.

E o que tenho de avaliar? Vamos trabalhar com períodos curtos, ou seja, três, seis e doze meses.

1. Qual é o faturamento real, expurgando possíveis devoluções?
2. Qual é [o volume de unidades compradas?

3. Quais itens o cliente ainda não comprou do seu catálogo?
4. Esse cliente cresceu?
5. Qual é o efetivo potencial de compra desse cliente?
6. Qual é a minha fatia nesse potencial?

Ao responder a essas simples questões, você já estará automaticamente preparando o seu plano de ação de vendas para cada cliente da sua carteira.

Você pode não ter percebido, mas acabou de responder sobre "o que" tem de ser feito. Agora veja alguns pontos-chave de como chegar lá:

1. Tenha uma meta qualitativa de abertura de novos clientes. É de fundamental importância que você tenha a preocupação de oxigenar sua carteira de clientes e abrir novas frentes, pois ninguém é eterno — nem a clientela.

2. Sabe aquele cliente que você não visita há muito tempo por diversas razões? A principal delas é que ele não compra de você. Agora é a hora de pensar em reativar clientes, que podem ser um diferencial valioso para a obtenção da sua meta.

3. Explore as promoções que a empresa disponibiliza: você pode não acreditar muito nelas, mas o seu cliente pode apostar todas as fichas.

4. Inove, faça novas propostas a velhos clientes, instigue-os a comprar um pouco além do habitual ofertando alguma vantagem extra (prazo, desconto no volume não habitual e etc.).

5. Faça um levantamento dos produtos que você vendeu que não estão tendo um giro satisfatório no ponto de venda do seu cliente e promova uma reciclagem, substituindo o que não está vendendo bem por itens novos ou por aqueles que podem gerar mais venda. Assim, você terá a oportunidade de gerar uma nova venda que não estava prevista.

Tenho certeza absoluta de que nós, vendedores, não conseguiríamos avaliar tantos relatórios, tantas informações e tantos recursos. Mas acredite que sem informação não existe ação eficiente. Implante seu próprio método de receber e decifrar informações. Esses controles são simples, já foram testados e provaram ser de grande utilidade.

Pratique!

CAPÍTULO 9

SEJA VOCÊ TAMBÉM UM PIT BULL!

A principal característica desse profissional é a inovação radical. Esta, na realidade, é a única vantagem competitiva que você pode ter. Será que você está preparado?

Tudo o que você fez no passado, tudo o que construiu, de nada valerá se não inovar, inovar e inovar! O profissional que evolui lentamente está a caminho da extinção.

O vendedor que diz que não vê a hora de a sexta-feira chegar para se desligar de tudo e que fica preocupado quando dá 18 horas é um futuro, breve e imediato desempregado. É aquela história de que funcionário comum é pago e invariavelmente mal pago para ficar cansado, quando o presidente da empresa é pago, e sempre bem pago, para fingir que nunca se cansa.

Ora, ninguém precisa pagar um vendedor para chegar no fim do mês e ele dizer: "Não deu...".

Ninguém precisa de problemas, mas de solução. E, se o problema surgir, que venha acompanhado da solução.

Agora, "não deu", é demais para a minha cabeça! Quem desliga, morre! O vendedor Pit Bull não vive em ambientes aconchegantes. Ele só se sente à vontade em ambientes competitivos.

É guerra!

É tiro, bomba e porrada!

O que era local virou global. Não confunda *umirde* com humilde.

Umirde é aquele caboclo que vive lá na roça. Humilde vem de humildade, que é altamente recomendável.

O VENDEDOR PIT BULL

Os vendedores que trabalham sem a preocupação de escrever seu nome na história da empresa são justamente os que têm mais probabilidade de serem lembrados no futuro.

Isso é trabalhar como formiguinha. Na pressão, sem parar e com humildade.

Falando em bichos...

O vendedor coruja se pergunta o que aconteceu.
O vendedor sapo observa o que acontece.
O vendedor Pit Bull faz acontecer!

O Vendedor Pit Bull é capaz de reconhecer as oportunidades existentes de modo a criar novos valores para os seus clientes, sérias surpresas para os seus concorrentes e grandes riquezas para a sua empresa.

Para ele o importante é realmente competir, mas desde que no final ele vença.

Ninguém é mais habilidoso do que o vendedor Pit Bull para reconhecer o caminho mais curto entre a oportunidade e o fechamento da venda.

A sua disposição de acatar desafios é impressionante, isso não o assusta, só motiva. Um "não" é meramente um estímulo para que ele trabalhe cada vez mais em busca do "sim".

Esses vendedores transformam objeções em situações positivas, em vez de apenas evitá-las.

São sonhadores, criadores, inovadores, exploradores, desbravadores, lutadores, e tudo com muito amor.

Você não é assim? Então lamento, mas você é totalmente dispensável. Não pense que apenas por plantar, algo nasce...

Relembre o que falamos lá atrás sobre as ferramentas básicas de um vendedor. Fique ligado!

Não são os grandes planos que dão certo, mas os pequenos detalhes. O que atrapalha a caminhada não é aquela enorme pedra que parece ser intransponível e está bem no meio do seu caminho. Essa você vê de longe e dá um jeito de contornar. Duro são as pedrinhas que você não vê e que o vão minando passo a passo.

Seja grato, mas muito grato mesmo, pela sorte, mas pelo amor de Deus, nunca dependa dela. É aquela velha história de que sorte é aquilo que acontece quando o preparo se encontra com a oportunidade.

Frequentemente nos defrontamos com várias e grandiosas oportunidades, brilhantemente disfarçadas de problemas sem solução. Aprenda a fazer, fazendo. É muito melhor ter o bom do que ficar esperando pelo ótimo. Faça o que realmente precisa ser feito. Afinal de contas, as coisas sempre têm três lados: o certo, o errado e o que precisa ser feito. Faça, mas faça já!

Não há linha mais bela que a curva de vendas.

Não se iluda com grandes teorias, acredite no Visita + Visita = Pedido. Isso é o que interessa!

Você vale o quanto pesa, o quanto resulta para a empresa e para você mesmo.

Pit Bull acredita em filosofia, em boas teorias de vendas e em todos os Ps do marketing; mas os nossos Ps são:

Planeje com ferocidade e ousadia.
Prepare-se com fé e otimismo.
Proceda com vigor e firmeza.
Persiga até o fim com determinação.

Vamos colocar tudo isso que foi dito até aqui num grande saco, misturar bem e praticar. Sonhar é muito bom, mas tem hora para tudo nessa vida. A hora agora é de realização. Acredite em você!

Ficar sonhando com a pessoa que você gostaria de ser é desperdiçar a pessoa que você realmente é. Esse negócio de realização dos ideais planejados que refrigeram a alma é coisa de livro de sonhos. Primeiro a gente aprende a gostar do que faz, para depois fazer o que gosta.

Pit Bull sabe que o "não" é apenas o adiamento de uma decisão. "Não" em vendas é diferente, significa "agora não", "ainda não" — nada é definitivo, só o "sim". E o "não", dependendo de quem diz, não vale nada.

Nunca acate um "não" de quem não pode dizer "sim".

Muito bem, penso que conversamos bastante e realmente espero que algumas sementes tenham sido plantadas em seu coração e em sua mente.

Minha maior motivação para escrever este livro foi lembrar do brilho nos olhos dos homens de vendas ao final de cada palestra.

Encontrar esses profissionais e vê-los felizes, bem resolvidos e vitoriosos, e saber que de alguma forma pude contribuir para isso, foi decisivo para dedicar tempo a este projeto.

Gostaria de finalizar este bate-papo com maestria, e para tanto vou fazer algo muito comum nos dias de hoje: um capítulo bônus!

BÔNUS

OS SEGREDOS DE UM VENDEDOR PIT BULL

1. Vender no estágio errado

Existem cinco níveis para onde você pode direcionar o seu tempo e a sua energia no processo de vendas:

1. O estágio do produto ou serviço – Aqui o vendedor foca no produto ou serviço, como preço e características.
2. O estágio da transação – Aqui o vendedor foca no processo e não no comprador.
3. O estágio da solução – Aqui o vendedor traz uma solução para um problema específico ou uma necessidade do comprador.
4. O estágio do relacionamento – Aqui estamos mais focados no cliente como um comprador de longo prazo.
5. O estágio onde vocês são parceiros – Pouquíssimos vendedores vendem a este nível. Aqui, se o comprador perde, o vendedor também perde de alguma forma.

O QUE FAZER – Veja a venda não como uma transação, mas como um processo em que você constrói um relacionamento.

2. Ser um poodle durante a venda

A maioria dos ciclos de venda não está escrita na sua parede do quarto. Elas são resultado da sua habilidade em conseguir atender as necessidades e os problemas do seu possível comprador. Se você não conseguir identificar essas necessidades, provavelmente não conseguirá transmitir a ele a sensação de urgência necessária para concluir a negociação agora.

O QUE FAZER – Crie uma sensação de urgência na compra para assim controlar os ciclos das vendas.

3. Não valorizar os antigos clientes

O fato de ter perdido uma venda agora não significa que tenha a perdido para sempre. Muitos vendedores negligenciam essa fonte lucrativa de negócios.

O QUE FAZER – Mantenha o contato com antigos clientes. Olhe os inativos!

4. Não fazer networking com regularidade

Você pode conhecer várias pessoas, mas se elas não sabem muito a respeito de você, o valor destes contatos é limitado. Uma das chaves para o networking efetivo é a habilidade de acumular uma variedade de contatos ao mesmo tempo em que você faz com que essas pessoas estejam cientes das suas habilidades, interesses e necessidades.

O QUE FAZER – Desenvolva um networking regular para encontrar e conhecer novas pessoas que podem lhe ajudar.

5. Fica calado!

Um dos maiores erros que vendedores fracos cometem é falar demais. Outro erro é dar informações que você ainda não recebeu. Quando comete esses erros, você faz com que o possível comprador pare de prestar atenção em você.

O QUE FAZER – O possível comprador deveria estar falando pelo menos duas vezes mais do que você.

6. O desesperado

As pessoas compram quando elas estão prontas para comprar, não quando você precisa vender. É essencial que, em qualquer situação de vendas, você coloque o cliente à frente das suas necessidades.

O QUE FAZER – Mantenha o foco em como o cliente vai se beneficiar.

7. Falar com quem não decide é monólogo

Uma das maiores perdas de tempo em vendas é quando o vendedor deixa de chegar à pessoa que toma as decisões e apresentam o seu produto ou serviço a pessoas que não podem dizer "sim".

O QUE FAZER – Faça apresentações apenas para aqueles que podem tomar decisões de compra.

8. Não conhecer os seus concorrentes

Para continuar a obter sucesso em vendas e prosperar, você tem que ser melhor, mais esperto, mais rápido e mais flexível do que todos os vendedores no seu território, independentemente do que eles vendam.

O QUE FAZER – Aprenda tudo sobre todos os seus concorrentes.

9. Deixe o rastro da dívida

Não aceite agradecimentos, deixe com que a outra pessoa saia da conversa sentindo que está lhe devendo alguma coisa.

O QUE FAZER – Crie uma dívida psicológica através dos serviços prestados.

10. Vender características e não benefícios

Características do produto ou serviço são o que o produto ou serviço é. Benefícios do produto são o que essas características fazem por ele. Os benefícios ao consumidor são o que as características e os benefícios do produto fazem para o consumidor.

Possíveis compradores precisam saber o que as características são, mas eles comprarão o produto por causa do que essas características fazem por eles — isso é, os benefícios ao consumidor. A maioria dos vendedores vendem as características. Alguns, que são um pouco melhores, vendem os benefícios do produto. Os vendedores de grande sucesso vendem benefícios ao consumidor.

O QUE FAZER – Tenha certeza de que o possível cliente sabe o que o produto pode fazer por ele.

11. Não pedir para fechar o negócio

Muitos vendedores não sabem fechar o negócio. Não espere que a outra pessoa faça isso por você.

O QUE FAZER – Peça para fechar o negócio.

12. O bonzinho

Anunciar antes da hora que você está disposto a fazer uma concessão é loucura. Dizer que você está disposto a dar um desconto ou dizer que o preço é sugerido é um convite à má negociação.

O QUE FAZER – Fale sobre concessões apenas quando perguntado.

13. Só peixe grande...

A chave para o sucesso é manter um equilíbrio entre as grandes vendas e as menores.

O QUE FAZER – Estabeleça o mix correto na sua carteira de clientes.

14. O vencedor solitário e iludido

Uma ótima forma de aprender e avançar na sua carreira é se associar com pessoas que já chegaram até onde você quer chegar. Ter um mentor é uma forma ótima de conseguir isso.

O QUE FAZER – Tenha mentores.

15. Não acreditar em você

Você acredita em si, confia em si e se aceita? Essa é uma das chaves para ter sucesso e ser feliz. Confie no processo da sua vida, nas oportunidades que cruzam o seu caminho e dê o seu máximo.

O QUE FAZER – Acredite em você mesmo quando ninguém está acreditando.

16. A falta de integridade

A integridade e a confiança andam lado a lado como sendo qualidades essenciais para obtermos sucesso em vendas.

O QUE FAZER – Sempre lide com a verdade, independentemente de qualquer coisa.

17. Levante a cabeça!

Você já quis desistir de algo? O que causou o seu desencorajamento? Independentemente da causa, a única coisa que posso lhe dizer é que esse sentimento drenará a sua criatividade e o seu propósito.

O QUE FAZER – Lembre que tudo passa. Relaxe.

18. Não ter autodisciplina

A falta de autodisciplina vai acumulando, dia a dia, ano a ano, até que cada um de nós tenha que lidar com as consequências dessas ações.

O QUE FAZER – Lembre, é melhor pagar o preço da disciplina do que do arrependimento.

19. Antes de sair de casa, deixe o ego na garagem

Se você quer ser feliz e ter sucesso, tem que controlar o seu ego e não o contrário.

O QUE FAZER – Mantenha o seu ego fora do processo de vendas.

20. Você é o cara!

Se há uma característica que se sobressai quando falamos de sucesso é a autoconfiança. Ela lhe permite:

- Superar obstáculos
- Lidar com a rejeição
- Superar o fracasso
- Lidar com a adversidade
- Se arriscar

O QUE FAZER – Melhore todos os dias.

21. Viver de fora para dentro

Pessoas que vivem de fora para dentro colocam a responsabilidade da sua felicidade, sucesso e falhas nas mãos de outras pessoas ou outras coisas que estão fora do controle delas, por exemplo, o tempo, o governo, a economia, ou a organização.

O QUE FAZER – Viva de dentro para fora.

Amigo, olha só, tenho aqui mais de 100 segredos de vendas que, ao longo da nossa jornada juntos pelas redes sociais, vamos compartilhando e trocando figurinhas. Agora é a hora de colocar a mão na massa e arrebentar de vender.

Desperte o Vendedor Pit Bull que está dentro de você! Fique com Deus e nos vemos por aí.

Um forte abraço!